부모님은 항상 모든 것에 의문을 품고 탐구하라고 말씀하셨습니다.
그 말씀을 제대로 따르지 못했다는 사실을 늘 아쉬워하며,
이 책을 사랑하는 부모님께 바칩니다.

B. R.

옮긴이 이한음
서울대학교에서 생물학을 공부하고, 지금은 컴퓨터와 책이 수북이 쌓인 책상에서
과학책을 쓰거나 우리말로 옮기고 있습니다. 지은 책으로 《바스커빌가의 개와 추리 좀 하는 친구들》,
《생명의 마법사 유전자》 등이 있으며, 《초등학생이 알아야 할 우리 몸 100가지》,
《물고기는 어디에나 있지》 등 200권이 넘는 책을 우리말로 옮겼습니다.

경이로운 동물들
초판 1쇄 발행 2020년 10월 10일
지은이 벤 로더리 · 옮긴이 이한음 · 편집 조은숙 · 디자인 장승아
펴낸이 권종택 · 펴낸곳 (주)보림출판사 · 출판등록 제406-2003-049호 · 주소 10881 경기도 파주시 광인사길 88 (문발동)
전화 031-955-3456 · 팩스 031-955-3500 · 홈페이지 www.borimpress.com
ISBN 978-89-433-1314-2 74490 / 978-89-433-1174-2(세트) · CIP2020026516

Hidden Planet
Copyright © Ben Rothery, 2019
First published in the UK by Ladybird Books, Penguin Random House in 2019
All rights reserved.
Korean translation copyright © 2020 by Borim Press · Korean translation rights arranged with
PENGUIN BOOKS LTD through EYA(Eric Yang Agency).

이 책의 한국어판 저작권은 EYA(Eric Yang Agency)를 통한 PENGUIN BOOKS LTD사와의 독점 계약으로 (주)보림출판사에 있습니다.
저작권법에 의하여 한국 내에서 보호를 받는 저작물이므로 무단 전재 및 무단 복제를 금합니다.
⚠주의 : 책 모서리가 날카로우니 던지거나 떨어뜨리지 않도록 조심하세요.(사용연령 3세 이상)

경이로운 동물들

벤 로더리 쓰고 그림 이한음 옮김

차례

들어가는 말	6
숨겨진 행성	9
숨겨진 관계	10
숨겨진 친척 관계	19
숨겨진 놀라운 능력	32
위장	36
눈에 안 띄게 숨기	50
수렴 진화	63
너무 다른 암컷과 수컷	66
색깔의 비밀	78
깃털	80
너무나도 색다른 동물들	84
숨겨진 연결 관계	90
친애하는 독자에게	92
찾아보기	94

* 일러두기
동물 그림의 동물 이름에는 우리말과 함께 학명을 라틴어로 병기하였으며, 본문 내용에는 필요한 곳만 학명을 병기하였습니다.

들어가는 말

나는 으레 나를 소개할 때 '화가의 몸에 갇힌 좌절한 자연사학자'라고 합니다. 어릴 때 나는, 텔레비전의 자연 다큐멘터리의 해설자인 데이비드 애튼버러와, 영화 속 모험가인 인디애나 존스를 더해 놓은 것 같은 사람이 되고 싶어 했지요. 그러다가 내 유년기의 꿈을 실현시키는 방법으로 택한 것이 바로 그림을 그리는 일이랍니다. 지금 나는 그림과 글을 통해 자연 세계를 탐사하고 있습니다. 이 탐사는 동물의 모습을 정확하게 그리는 것만으로는 부족하지요. 털과 깃털 안에서 무슨 일이 일어나고 있는지도 온전히 이해하며 그려야 한답니다.

나는 어릴 때 영국과 아프리카 남부를 자주 오갔습니다. 산줄기에서 내려오는 강물에서 헤엄치는 법을 터득했고, 여섯 살 생일에는 차를 타고 붉은 언덕들이 끝없이 펼쳐진 나미브 사막을 건넌 적도 있어요. 그때 나는 아직 글도 모르고 그림도 제대로 그리지 못할 때였지만, 내 곁에는 언제나 백과사전이 있었고, 나는 온갖 동물의 그림에 푹 빠져들었지요. 그리고 카멜레온부터 귀뚜라미에 이르기까지, 그 동물들을 다 알고 이해하고자 애썼습니다.

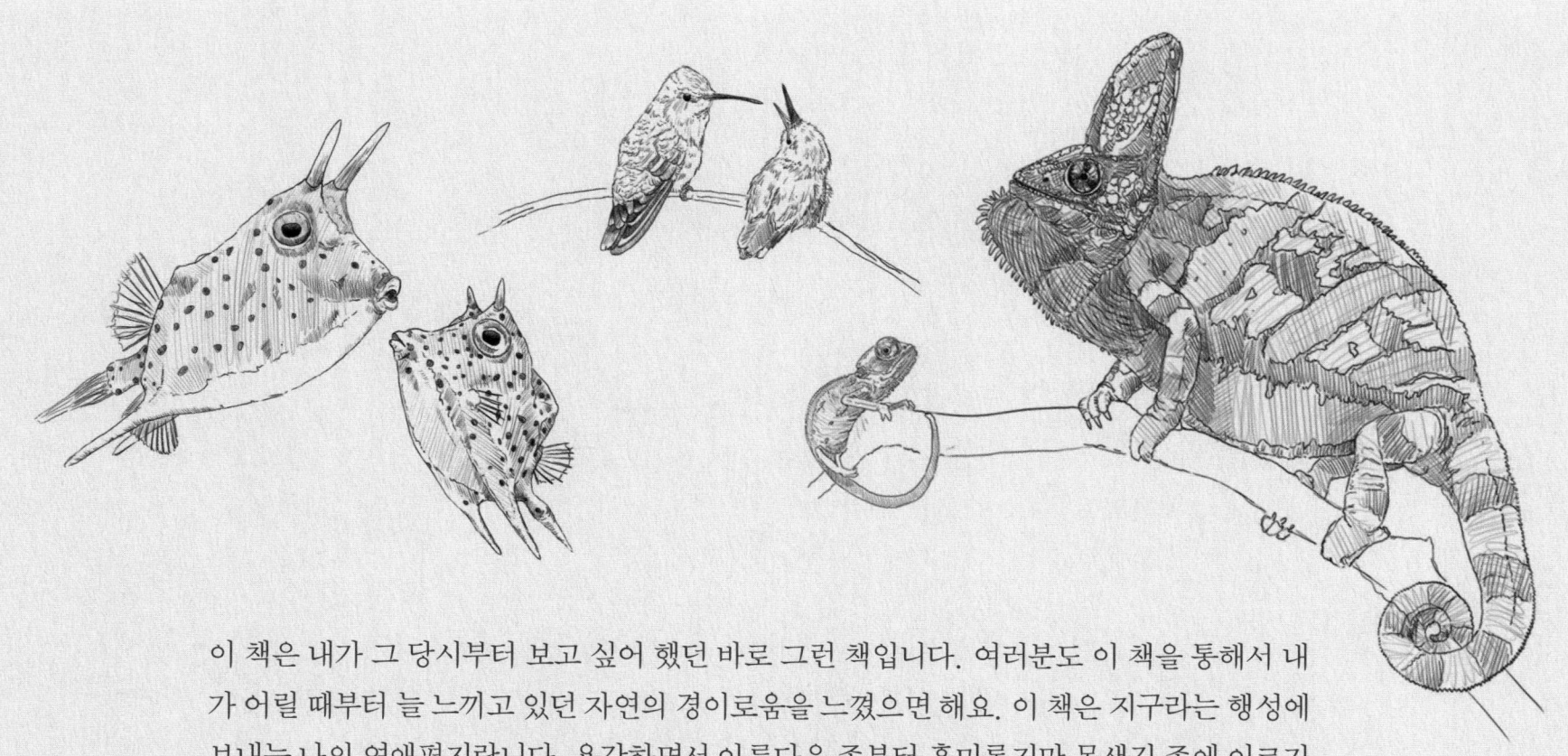

이 책은 내가 그 당시부터 보고 싶어 했던 바로 그런 책입니다. 여러분도 이 책을 통해서 내가 어릴 때부터 늘 느끼고 있던 자연의 경이로움을 느꼈으면 해요. 이 책은 지구라는 행성에 보내는 나의 연애편지랍니다. 용감하면서 아름다운 종부터 흥미롭지만 못생긴 종에 이르기까지, 지구 곳곳에 숨어 있는 종들에게 보내는 찬사이기도 하지요. 이 책에는 내가 좋아하는 새를 비롯한 다양한 동물들의 이야기가 담겨 있습니다. 멸종 위기에 처한 종도 있고, 그보다는 상황이 조금 나은 종도 있습니다. 완벽하게 담아내지 못했더라도, 야생 동물을 사랑했던 꼬마와, 그 꼬마가 자라서 세밀 묘사에 몰두하는 화가의 눈으로 본 자연의 놀라운 다양성을 여러분도 함께 엿보기 바랍니다!

6세와 33세의
벤 로더리

아프리카수리부엉이
Bubo africanus

숨겨진 행성

무언가가 숨어 있다고 말하면, 우리는 대개 모습을 감추고 있거나 다른 무엇으로 위장하고 있는 동물을 상상합니다. 그 동물은 영리할 수도 있지만, 겁이 많거나 어수룩할 수도 있지요. 몸집이 작거나, 어둠이 깔려야만 나와서 돌아다니는 동물일 수도 있고요. 깊은 우림이나 동굴에 살거나, 모래에 몸을 파묻고 있거나, 평생을 높은 나무 꼭대기에서 사는 종일지도 모릅니다.

또한 서로 무관해 보이는 종들 사이에 숨겨진 친척 관계가 있기도 합니다. 오랜 세월 인류는 이런 관계를 설명하기 위해 환상적인 이야기들을 꾸며 내고는 했지요. 그런 한편으로 우리가 살고 있는 행성인 이 지구가 숨기고 있는 또 다른 비밀이, 우리가 이미 알고 있다고 생각하는 동물들의 뜻밖의 능력과 행동으로 드러나기도 합니다.

자, 이제 갖가지 방법으로 자신을 숨기고 있는 동물들을 만나 볼까요?

숨겨진 관계

공생은 서로 다른 종들 사이에 숨겨져 있는 관계 중 하나입니다. 둘 이상의 종이 긴밀한 관계를 맺고 함께 살아가는 것이지요. 공생은 크게 편리 공생, 상리 공생, 기생의 세 가지로 나뉩니다. 그리고 각 관계는 다시 세부 특징에 따라서 여러 유형으로 나뉘어요. 공생하는 두 종 사이에는 어느 정도의 균형이 이루어져 있습니다.

편리 공생

편리 공생은 한쪽 생물은 혜택을 보는 반면, 다른 쪽 생물은 피해도 도움도 받지 않는 관계입니다. 한 예로, 붉은벌잡이새를 비롯한 많은 새들은 코끼리와 같은 큰 동물의 등에 올라타서 그 등에 있는 곤충을 쪼아 먹어요.

붉은벌잡이새
Merops nubicoides

청줄청소놀래기
Labroides dimidiatus

촉수과 어류
Family Mullida

상리 공생

상리 공생은 양쪽 모두 혜택을 보는 관계로, 상대방이 없으면 아예 살아갈 수 없을 만큼 긴밀한 관계를 맺고 있는 종들도 있어요. 어떤 곤충이나 새, 박쥐가 하나의 꽃에서 꿀을 빨고 난 뒤에 같은 종의 다른 꽃으로 날아가면, 그 동물과 식물은 서로 혜택을 봅니다. 동물은 꽃의 꿀이라는 형태로 고열량의 먹이를 얻고, 보답으로 식물이 번식할 수 있도록 꽃가루를 옮겨 주는 것이지요. 몇몇 새와 물고기는 더 큰 동물의 피부에 달라붙어 있는 기생충을 잡아먹어요. 예를 들어, 소등쪼기새는 소에 달라붙어 있는 기생충을 쪼아 먹고, 청소놀래기는 농어에 붙어 있는 기생충을 뜯어 먹어요. 상황이 달랐다면 큰 동물이 작은 새나 물고기를 먹이로 삼을지 모르겠지만, 공생하는 쪽이 두 종 모두에게 서로 이득이 됩니다. 작은 쪽은 먹이를 얻고, 큰 쪽은 성가신 기생충으로부터 벗어날 수 있으니까요.

뒤영벌
Genus Bombus

기생

기생은 한쪽 생물은 이익을 보고, 다른 쪽 생물은 피해를 입는 관계예요. 전자를 기생 생물, 후자를 숙주라고 합니다. 흡혈박쥐나 모기처럼 숙주의 피를 먹는 흡혈 기생 생물도 있고, 숙주 몰래 자신의 애벌레나 새끼를 숙주가 돌보도록 맡기는 기생 생물도 있습니다. 몇몇 새 또는 물고기, 곤충이 그런 속임수를 쓰지요. 그러나 기생에도 아주 섬세한 균형이 필요해요. 기생 생물은 자신의 목표를 이룰 때까지, 숙주를 계속 살려 두어야 하기 때문입니다.

모기과 곤충
Family Culicidae

흰동가리의 상리 공생

흰동가리는 한눈에 알아볼 수 있어요. 오렌지색, 흰색, 검은색의 선명한 무늬가 있는 작은 물고기로, 몸길이가 약 11센티미터까지 자랍니다. 다른 여러 어류 종들처럼 암컷이 수컷보다 훨씬 더 크지요. 흰동가리는 무리 지어 사는데, 우두머리 암컷 한 마리와 그보다 몸집이 작은 수컷 한 마리만이 번식을 해요. 나머지는 둥지를 돌보고 영역을 지킵니다.

흰동가리는 상리 공생의 완벽한 사례예요. 약 30종이 있는데, 모두 말미잘과 공생 관계를 맺고 있지요. 즉 둘 다 서로에게 여러모로 도움을 줍니다. 흰동가리는 말미잘의 기생 생물을 없애 주고, 청줄돔과 같은 포식자를 막아 줘요. 또 말미잘의 촉수 사이를 끊임없이 들락거리며 물 흐름을 일으켜서 말미잘의 먹이가 흘러들고 노폐물이 흩어지도록 도와주지요. 말미잘은 흰동가리의 배설물에서 영양소도 빨아들이므로, 자라는 데에도 도움을 받아요.

흰동가리
Amphiprion ocellaris

말미잘은 보답으로 흰동가리에게 집과 새끼를 기를 육아실을 내주며, 독침이 있는 촉수로 흰동가리의 포식자를 막아 줍니다. 또 말미잘이 먹고 남긴 찌꺼기, 기생 생물, 끊겨 나간 촉수는 흰동가리의 먹이가 되고요.

말미잘은 촉수에 들어 있는 독침을 쏘아 물고기를 잡아 먹어요. 그런데 흰동가리는 진화를 통해서 이 독을 견디는 능력을 갖춘 덕분에, 상리 공생 관계를 맺을 수 있게 되었지요. 진화는 생물이 시간이 흐르며 변하는 과정을 말합니다. 또한 흰동가리의 몸은 특수한 점액으로 덮여 있어서, 말미잘은 흰동가리를 먹이라고 인식하지 못해요. 그래서 흰동가리에게는 침을 쏘지 않는답니다.

흰동가리의 또 한 가지 놀라운 특징은 수컷이 암컷으로 성별을 바꿀 수 있다는 점입니다. 흰동가리는 처음에 부화할 때에는 모두 수컷이었다가 자라면서 일부가 암컷으로 변해요. 또 무리의 우두머리 암컷이 사라지면, 가장 큰 수컷이 암컷으로 변하지요. 그러면 무리의 다른 물고기들도 지위가 한 단계씩 올라갑니다.

흰동가리는 동남아시아, 일본, 호주 북부의 해안에 살아요. 수족관에서 인기가 있어 너무 많이 잡는 바람에, 자연에서는 점점 더 위협을 받고 있답니다.

유럽개개비
Acrocephalus scirpaceus

뻐꾸기의 기생

뻐꾸기는 작은 새이지만, 큰 비밀을 숨기고 있어요. 예쁜 깃털에 뻐꾹뻐꾹 경쾌하게 우는 모습은 매우 귀여우나, 사실은 기생 생물이랍니다. 뻐꾸기는 '탁란'을 해요. 탁란은 한 종이 다른 종에게 자신의 새끼 키우는 일을 맡기는 거예요. 그렇게 해서 기생하는 종은 먹이를 구하고 번식에 힘쓸 시간을 늘립니다. 뻐꾸기는 오목눈이, 딱새, 멧새 같은 새들의 둥지에 몰래 알을 낳아요. 알에서 나온 새끼는 '의태'라는 방법으로 자신이 기생하는 새의 모습을 흉내 내면서 여러 가지 영리한 전략으로 숙주를 속입니다. 숙주는 자기 새끼인 줄 알고 뻐꾸기 새끼를 정성껏 키웁니다.

성체가 된 뻐꾸기는 주로 다른 새들을 잡아먹는 새매와 같은 맹금류의 모습을 흉내 내요. 몸집도 새매와 거의 비슷하고, 배 쪽에 난 깃털의 얼룩무늬도 거의 비슷하기 때문에, 작은 새들은 뻐꾸기가 보이면 겁을 먹어요. 그래서 뻐꾸기가 날아오면 둥지를 지키지 못하고 달아나지요. 이 교묘한 의태를 이용하여 새를 쫓아낸 뒤에, 뻐꾸기는 그 새의 둥지로 가서 원래 있던 알 중 하나를 밖으로 내버리고, 대신에 그 둥지에 알을 하나 낳고 떠나요. 떠나기까지 걸리는 시간은 약 10초에 불과하답니다.

뻐꾸기
Cuculus canorus

뻐꾸기가 알을 낳으면, 두 번째 전략이 발휘됩니다. 뻐꾸기는 '알 의태'도 해요. 즉 숙주 종의 알과 비슷해 보이는 알을 낳습니다. 예를 들어, 개개비를 표적으로 삼은 뻐꾸기 암컷은 크기는 좀 더 크긴 하지만, 무늬나 색깔이 개개비의 알과 비슷한 알을 낳아요.

숙주는 알아차리지 못하고, 자기 알과 뻐꾸기 알을 함께 품지요. 뻐꾸기 알은 숙주의 알보다 대개 더 먼저 부화해요. 그러면 세 번째이자, 가장 지독한 전략이 발휘됩니다. 갓 부화한 뻐꾸기 새끼는 양부모인 새가 먹이를 구하러 떠날 때까지 기다렸다가, 다른 알들을 둥지 밖으로 밀어내요. 양부모가 오로지 자신만 돌보도록 하기 위함이지요.

번식기인 봄과 여름이면, 뻐꾸기는 유럽 전역과 아시아 대부분의 지역에서 볼 수 있어요. 가을이 되면 아프리카로 이주해서 겨울을 납니다.

에콰도르소라게
Coenobita compressus

버려진 병뚜껑으로
몸을 보호하고 있는
에콰도르소라게

소라게

소라게는 전 세계에 약 1,100종이 살고 있는데, 고둥 같은 패류와 흥미로운 관계를 맺고 있어요. 소라게는 스스로 껍데기를 만들지 않아요. 그래서 다른 동물의 버려진 껍데기를 이용해서 자신의 부드럽고 취약한 몸을 보호한답니다. 이 관계는 공생에 속하지 않아요. 껍데기는 살아 있는 것이 아니기 때문이지요. 소라게가 껍데기를 골라서 사용하는 방식은 매우 놀라워요.

소라게의 크기는 다양해서, 1센티미터가 안 되는 것부터 거의 1미터에 달하는 것까지 있어요. 야자집게는 1미터까지 자라기도 하고, 수명은 60년도 넘어요. 사실 야자집게는 게보다는 새우붙이나 가재와 더 가까운 친척 관계랍니다.

소라게는 몸의 앞부분만 단단해요. 빈 껍데기나 버려진 물건 속에 들어가서 몸을 보호하는 이유가 바로 그 때문이지요. 대부분의 소라게 종은 껍데기 안에 몸을 쏙 넣어서 단단히 틀어박힐 수 있도록 몸이 나선형이에요. 위험을 느끼면, 소라게는 껍데기 안으로 몸을 완전히 집어넣은 뒤에, 집게발로 입구를 꽉 막는답니다.

소라게는 자랄수록 점점 더 큰 껍데기가 필요해요. 그런데 몸에 맞는 껍데기를 구하기가 어려울 수도 있어요. 알맞은 크기의 껍데기를 찾지 못하면, 쓰레기 같은 물건들을 뒤집어쓰기도 합니다. 그리고 지금은 쓰레기를 뒤집어쓰는 소라게가 점점 늘고 있어요. 사람들이 패류를 점점 더 많이 잡으면서 소라게가 쓸 껍데기가 줄어드는 반면, 바다로 흘러드는 플라스틱과 같은 쓰레기는 점점 더 늘고 있기 때문이지요.

껍데기가 작아지면, 몇 가지 흥미로운 행동이 나타납니다. 소라게들은 때로는 줄지어 늘어서서 빈 껍데기를 교환하면서 맞는지 써 보는 '빈집 사슬'을 형성하기도 합니다. 어떤 소라게가 빈 껍데기를 찾으면, 쓰고 있던 껍데기를 벗고 새 껍데기를 살펴요. 새 껍데기가 맞으면, 본래 집이었던 껍데기를 버리고 옮겨 갑니다. 그런데 새 껍데기가 맞지 않을 때에는 놀랍게도 원래 껍데기에 다시 들어간 뒤, 다른 소라게가 나타나기를 기다려요. 8시간까지 기다리기도 한답니다. 이윽고 다른 소라게가 와서 그 빈 껍데기를 살펴보고 맞지 않으면, 그 소라게도 원래 집으로 다시 들어가서 함께 기다려요. 이런 식으로 소라게들이 20마리까지 기다리기도 합니다. 가장 큰 소라게부터 가장 작은 소라게까지 한 줄로 죽 늘어서서 기다려요. 이윽고 빈 껍데기에 완벽하게 들어맞는 소라게가 나타나서 새 껍데기로 옮겨 가면, 벗어놓은 껍데기에 맞는 크기의 다른 소라게가 그 껍데기로 이사하지요. 기다리고 있던 소라게들은 그런 식으로 차례차례 자기에게 맞는 새 껍데기로 옮겨 갑니다.

빈집 사슬을 이루는 소라게들

큰곰
Ursus arctos

서인도제도매너티
Trichechus manatus

남아프리카물개
Arctocephalus pusillus

말레이맥
Tapirus indicus

흰코뿔소
Ceratotherium simum

숨겨진 친척 관계

지구상에서 가장 흥미로운 것 중 하나는, 서로 무관해 보이는 동물들이 뜻밖에 별난 친척 관계라는 것입니다.

코끼리의 가장 가까운 친척이 매너티와 듀공 같은 바다소류와 바위너구리라고 과연 누가 생각할까요? 코뿔소가 맥의 친척이라고 하면요? 그리고 하마가 돌고래의 친척이라고 하면 과연 믿을 수 있을까요? 물범, 바다사자, 바다코끼리가 고래나 돌고래나 바다소가 아니라, 곰이나 족제비와 더 가까운 친척 간이라고 한다면요?

자연에서 유별난 친척 관계와, 그들을 연결하는 숨겨진 특징들을 알아볼까요?

바위너구리

늘 의심쩍은 표정을 짓고 있는 것 같은, 작고 통통한 털투성이의 초식성 포유류인 바위너구리에게는 매우 뜻밖의 친척들이 있어요. 바위너구리는 커다란 토끼만 한데, 가장 가까운 친척은 거대한 코끼리와 바다소랍니다. 이들은 공통 조상에게서 나왔어요. 바위너구리는 5종이 있는데, 바위너구리, 노란반점바위너구리, 서부, 동부, 남부의 나무타기바위너구리입니다. 바위너구리는 내가 가장 관심을 갖고 있는 동물입니다.

남아프리카 케이프타운으로 가족 여행을 갔을 때 바위너구리를 처음 보았어요. 그곳에서는 '다시'라고 부르는데, 나는 보자마자 바위너구리에게 푹 빠졌지요. 토끼 이빨 같은 웃기게 생긴 이빨을 드러낸 이 작은 동물이 작달막한 다리로 테이블산의 비탈에서 이 바위 저 바위로 쪼르르 돌아다니는 모습을 지켜보았어요. 바위너구리가 생김새와는 달리 날쌔게 가파른 바위들을 오르는 모습을 지켜보고 있자니, 감탄사가 절로 나왔어요. 그러다가 문득 뱀이나 독수리가 잡아먹으려고 하면, 나도 똑같이 행동하지 않을까 하는 생각이 들었답니다!

바위너구리의 놀라운 바위 타기 능력은 주로 땀이 배어 나오는 발에서 나옵니다. 발바닥은 부드럽고 넓적하면서 특수한 분비물로 늘 축축한 상태를 유지하지요. 그래서 말 그대로 바위에 달라붙을 수 있어요.

바위너구리
Procavia capensis

아프리카코끼리
Loxodonta africana

바위너구리는 사회적 동물로 10~80마리가 무리 지어 살아요. 함께 풀을 뜯어 먹을 때면 한 마리가 서서 주위를 살핍니다. 대개는 우두머리 수컷이 하지요. 그 사이에 다른 바위너구리들은 다양한 식물을 뜯어 먹어요. 이들은 다른 동물들에게는 독성이 있는 식물들도 먹을 수 있답니다.

바위너구리는 게으른 편으로, 쉬는 시간이 하루의 95퍼센트에 달하기도 해요. 어느 정도는 체온을 제대로 유지하기 어렵기 때문이기도 하답니다. 이들도 파충류처럼 아침저녁으로 햇볕을 쬐어서 체온을 올려야 하지요. 그리고 몸이 과열될 수도 있으므로 뜨거운 한낮에는 돌아다니지 않아요.

이들은 아프리카 전역과 중동 곳곳에서는 아직은 흔하지만, 서식지가 파괴되면서 점점 위험에 처하고 있어요. 사람들이 주택과 도로를 더 많이 건설할수록, 바위너구리들은 이동하거나 먹이와 보금자리와 짝을 찾기가 더 힘들어지지요. 바위너구리를 비롯한 많은 동물들은 바다에 떠 있는 작은 섬처럼, 크고 작은 도시의 산꼭대기에 고립되어 살아가고 있답니다.

오카피

오카피는 커다란 초식성 포유류입니다. 모습은 얼룩말과 더 비슷하지만, 사실 오카피의 가장 가까운 친척은 기린이랍니다. 이 겁 많고 홀로 생활하는 동물은 콩고민주공화국의 해발 500~1,500미터의 숲에 살아요.

기린
Giraffa camelopardalis giraffa

오카피
Okapia johnstoni

몸의 일부에 있는 줄무늬와 짙은 밤색 털이, 우림에 빽빽하게 들어찬 나무들과 그 사이로 내리쬐는 빛줄기와 조화를 잘 이루어, 몸을 완벽하게 숨길 수 있지요. 그래서 오카피는 몸집도 크고 주로 낮에 활동하는데도, 20세기 초가 되어서야 비로소 세상에 알려졌답니다.

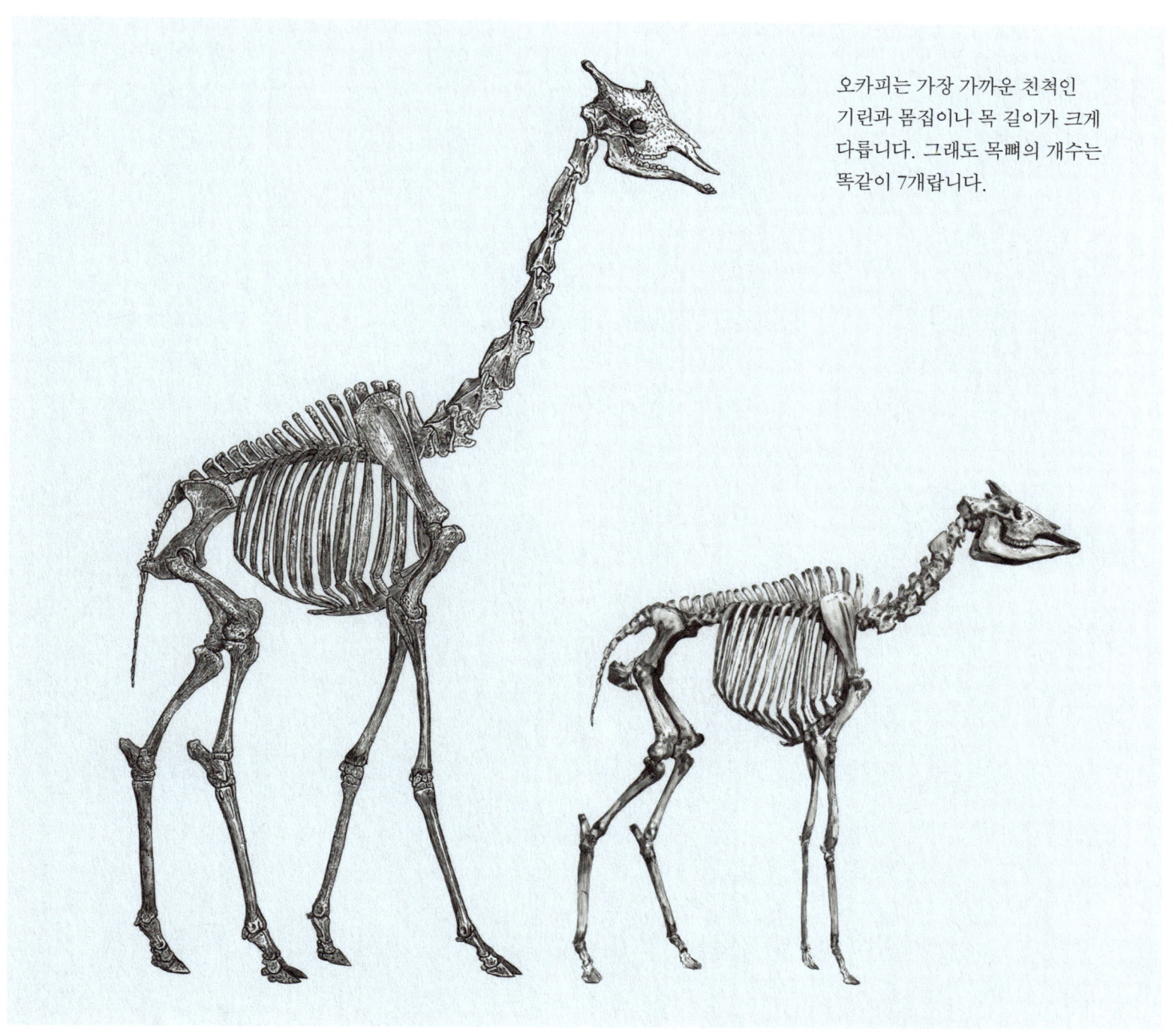

오카피는 가장 가까운 친척인 기린과 몸집이나 목 길이가 크게 다릅니다. 그래도 목뼈의 개수는 똑같이 7개랍니다.

오카피는 혀가 아주 커서, 길이가 45센티미터에 이르기도 해요. 오카피의 혀는 '감아쥘' 수도 있어서 오카피는 혀로 먹이가 되는 나뭇잎, 풀잎, 열매, 곰팡이를 감아쥐어서 뜯어 먹는답니다. 코끼리가 긴 코를 쓰는 방식과 비슷하지요. 오카피가 먹는 식물 중에는 독성이 있는 것도 있어요. 그들이 때때로 흙이나 숲이 불탄 곳에서 숯을 집어 먹는 이유가 그런 잎과 열매의 독성을 중화시키기 위해서라는 주장도 있습니다.

은밀하게 행동하는 습성이 있고, 서식지도 사람이 가기 힘든 외지고 험한 곳에 있기 때문에, 오카피는 야생에서 관찰하기가 매우 어려워요. 그래서 그들이 몇 마리가 있는지도 추정만 할 뿐이지요. 오카피는 위기에 처한 종으로, 지금은 25,000마리 정도만 남았을 것이라고 봅니다.

타조
Struthio camelus

주금류

주금류는 남반구에 흩어져 있는 5종의 동물 집단을 가리킵니다. 타조는 아프리카에, 레아는 남아메리카와 독일에, 에뮤는 호주에, 화식조는 호주와 인도네시아 그리고 파푸아 뉴기니에 살고, 이들 중 가장 작은 키위는 뉴질랜드에 삽니다.

이들은 대부분 몸집이 크고, 날카로운 갈고리 발톱이나 뱀처럼 생긴 목, 또는 복슬복슬한 깃털을 지닌 종류도 있어요. 이들은 모두 날개에 비밀을 숨기고 있지요. 바로 날지 못한다는 것입니다.

주금류 중에서도 가장 큰 것은 타조입니다. 키가 3미터에 달하고, 몸무게가 150킬로그램을 넘기도 해요. 긴 다리로 시속 70킬로미터까지 달릴 수 있습니다. 경주마보다도 빠른 속도이지요. 타조가 사자, 표범, 치타, 하이에나, 들개가 돌아다니는 아프리카 대륙에서 산다는 점을 생각하면 쉽게 이해가 갑니다. 타조가 느리다면, 그들에게 잡아먹힐 가능성이 상당히 높아지겠지요?

에뮤는 주금류 중 두 번째로 커서 키가 2미터에 가깝고, 세 번째는 화식조로 키가 약 1.5미터나 됩니다. 레아는 키가 1미터 남짓하고, 가장 작은 키위는 키가 약 45센티미터로 닭만 하답니다. 이 날지 못하는 새들은 땅 위에서 살아가는 쪽으로 아주 잘 적응해 왔어요.

키위를 제외한 다른 종들은 모두 다리가 길고 힘이 세어서, 먹이와 물을 찾아 아주 멀리까지 돌아다닐 수 있습니다. 또 필요할 때는 아주 빠르게 달릴 수도 있어요. 화식조는 다리 힘이 세고 날카로운 발톱이 있어서, 누가 도전하면 목숨을 걸고 자신의 영역과 둥지를 지키는 사나운 싸움꾼이랍니다.

키위는 다른 주금류와 전혀 다른 삶을 삽니다. 주금류 중에서 유일하게 야행성으로, 주로 밤에 돌아다닙니다. 키위는 자기 환경에서 이런저런 어려움을 겪다 보니 몇 가지 흥미로운 적응 형질을 지니게 되었지요. 키위는 거의 앞을 보지 못해요. 사실 조류 중에서, 몸집에 비해 눈이 가장 작은 새랍니다. 그래서 키위는 먹이를 찾을 때 다른 감각들, 특히 후각을 주로 씁니다. 곤충, 지렁이, 작은 양서류를 주로 먹는데, 부리가 길며 휘어져 있고 예민해서 흙을 헤집어 먹이를 찾기에 알맞아요. 다른 새들과 달리, 키위는 콧구멍이 부리 밑동이 아니라 부리 끝에 있지요. 그래서 보거나 닿지 않은 상태에서도 땅속에 숨은 먹이를 찾아낼 수 있답니다.

이런 나름의 적응 형질들을 지니고, 공룡이 멸종될 때부터 지금까지 살아왔지만, 오늘날 주금류 5종은 모두 위기에 처했어요. 서식지 상실과 사냥 등 인간이 끼친 피해 때문이지요. 따라서 우리는 그들이 생존할 수 있도록 도와주어야만 합니다.

새끼 타조
Struthio camelus

에뮤
Dromaius novaehollandiae

에뮤

에뮤는 수컷이 알을 품어요. 암컷이 알을 낳으면, 수컷은 알이 부화할 때까지 먹지도 마시지도 않고 알을 품어요. 사실 알을 뒤집을 때에만 몸을 일으킵니다. 하루에 약 10번쯤 알을 뒤집지요. 알을 8주 동안 품고 있으면, 몸무게가 1/3까지 줄어들기도 합니다.

남부화식조
Casuarius casuarius

남부화식조

화식조는 발가락이 3개인데 아주 날카로운 발톱이 달려 있어요. 두 번째 발가락은 유달리 날카롭고, 길이가 12.5센티미터에 달하기도 합니다. 화식조는 이 발톱을 무기로 삼아 경쟁자들로부터 영역을 지키고, 포식자를 힘센 다리로 걷어차서 둥지를 보호합니다.

레아
Rhea americana

레아

레아는 3종 모두 남아메리카의 고유종이지만, 독일에도 소규모 집단이 있어요. 2000년 말에 뤼베크라는 소도시 인근에서 기르던 화식조 7마리가 달아났어요. 수컷 3마리와 암컷 4마리였는데, 그들을 잡으려고 했지만 잡을 수가 없었지요. 지금은 약 150마리로 불어나서 와케니츠강의 범람원에서 행복하게 살고 있답니다.

타조

타조의 알은 새알 중에서는 가장 크지만, 사실 몸집에 비하면 작은 편입니다. 타조가 위험에 처하면 모래 속에 머리를 파묻는다는 속설이 널리 퍼져 있어요. 그렇게 하면 안 보인다고 생각해서라는 것이지요. 이 속설은 로마 시대부터 있었으나, 사실이 아니랍니다. 타조가 머리를 모래에 쑤셔 넣는 이유는, 질긴 식물과 씨를 소화하는 데 도움이 되는 모래와 돌을 삼키기 위해서입니다.

오카리토갈색키위
Apteryx rowi

타조
Struthio camelus

오카리토 갈색키위

땅 위에 둥지를 짓는 다른 주금류와 달리, 키위는 굴을 파고 알을 낳아요. 다리가 짧고 몸이 작달막해서 굴을 파고 들어가기에 딱 알맞지요. 타조와 달리, 키위는 몸집에 비해 아주 큰 알을 낳아요. 키위는 닭과 몸집이 비슷하지만, 알이 달걀보다 무려 6배나 크답니다.

긴꼬리플레니게일
Planigale ingrami

유대류

유대류는 주로 오스트랄라시아에 사는 포유류 집단입니다. 오스트랄라시아는 호주, 뉴질랜드, 파푸아 뉴기니와 그 부근의 섬들로 이루어진 남태평양 제도를 통틀어 이르는 말로, 오세아니아의 서남부를 가리킵니다. 유대류 334종 중 약 70퍼센트는 이곳에서만 살고, 나머지 종은 남아메리카와 중앙아메리카에 삽니다. 유대류는 호주의 붉은캥거루부터 긴꼬리플레니게일에 이르기까지 크기가 아주 다양하지요. 붉은캥거루는 일어서면 키가 2.1미터에 달하고, 한 번에 9미터까지 뛸 수 있어요. 긴꼬리플레니게일은 몸길이가 약 6센티미터로, 유대류 중에서 가장 작을 뿐만 아니라, 포유류 전체에서 가장 작은 편에 속한답니다.

붉은캥거루
Macropus rufus

코알라
Phascolarctos cinereus

유대류는 털로 덮여 있고, 새끼에게 젖을 먹입니다. 이런 특징들만 보면, 유대류는 다른 포유류와 별 차이가 없습니다. 그러나 유대류는 다른 포유동물들과 색다른 여러 가지 흥미로운 특징이 있습니다. 가장 두드러진 차이점은 새끼를 키우는 방식이에요. 포유류 종은 대부분 태반류에 속해요. 태반류는 새끼를 잉태하면 어미의 몸에서 태반이라는 특수한 기관이 만들어져요. 태반이 어미의 몸속에서 자라는 태아에게 영양소를 공급하므로, 새끼는 상당히 발달한 상태에서 태어납니다. 몸집이 큰 초식성 포유류는 더욱 그렇지요. 영양, 기린, 코끼리의 새끼는 태어난 지 몇 시간 뒤면 바로 걷고 달릴 수도 있답니다.

반면에 유대류는 전혀 달라요. 유대류의 새끼는 작고 덜 발달한 상태로 태어납니다. 대개 아직 눈도 못 뜨고 털도 안 난 상태이지요. 새끼는 어미의 털을 헤집고 기어서 배에 있는 특수한 주머니로 들어가요. 그리고 그곳에서 자라다가 홀로 지낼 수 있을 때가 되면 나옵니다. 유대류라는 이름도 이 행동에서 나왔어요. 유대는 이 새끼주머니를 가리킵니다.

웜뱃
Vombatus ursinus

유대하늘다람쥐
Petaurus breviceps

1억 년 동안 많은 유대류는 다른 동물 종들과 지리적으로 격리된 상태에서 진화했습니다. 그 기간에 그들은 매우 기이하면서 놀라운 능력을 계발했을 뿐만 아니라, 다른 지역에 사는 다른 종의 포유동물처럼 살아갈 수 있게 되었어요. 캥거루들은 사슴처럼 뛰어다니면서 식물을 뜯어 먹고, 작은 플레니게일들은 생쥐처럼 낙엽 위로 쪼르르 돌아다닙니다. 유대하늘다람쥐는 날다람쥐처럼 피부 날개로 나무 사이를 활공하면서 열매와 달콤한 수액을 먹지요.

유대류 중에는 심지어 다른 지역의 두더지처럼 진화한 것도 있답니다. 주머니두더지는 2종이 있는데, 땅속에서 살면서 굼벵이 같은 것들을 잡아먹어요. 땅을 팔 때 흙이 안으로 들어가지 않도록 새끼주머니의 입구가 뒤쪽으로 나 있을 정도로 굴속 생활에 아주 잘 적응해 왔지요.

공작갯가재
Odontodactylus scyllarus

숨겨진 놀라운 능력

내가 동물을 좋아하는 이유 중 하나는 그들이 우리가 몰랐던 숨겨진 능력을 종종 드러내곤 하기 때문이랍니다. 우리가 잘 안다고 생각하는 동물들조차도 그래요.

몇몇 동물은 모습만 보고는 짐작할 수도 없을 만큼 놀라운 능력을 지니기도 합니다. 갯가재는 게와 바닷가재의 친척입니다. 모습이 사마귀와 비슷해서 영어로는 사마귀새우라고 하지요. 갯가재는 자그마하지만, 몸집에 비해 아주 힘이 세고 사나워요. 작은 해양 동물을 잡아먹는데, 자연에서 가장 빠른 속도로 때려서 먹이를 잡아요. 평소에는 머리 밑에 접어서 넣어 두었던 관절 달린 두 팔을 쑥 내밀어서 놀라울 만큼 강하게 후려칩니다. 총에서 총알이 발사되는 속도보다 더 빠르게 팔을 뻗어요. 실제로 움직임이 너무 빨라서 내미는 팔 앞쪽으로 공기 방울이 생깁니다. 이 공기 방울은 곧바로 터지면서 에너지를 방출하지요. 이 과정을 캐비테이션이라고 하는데, 갯가재가 치는 힘에 이 에너지가 더해져서 가장 두꺼운 껍데기까지도 부술 수 있답니다.

한편 우리가 속속들이 잘 알고 있다고 생각하는 종들 중에서도 털가죽이나 깃털 아래에 놀라운 능력을 숨기고 있는 동물들이 있습니다. 딱정벌레의 딱딱한 껍데기가 섬세한 속 날개를 보호하기 위한 용도라든가, 딱따구리의 혀가 머리뼈 속에서 한 바퀴 감겨 있다는 생각을 해 본 적이 있나요? 개구리, 영원, 도롱뇽 같은 양서류를 언뜻 보고는, 그들이 피부로도 호흡할 수 있다거나, 입 덕분에 그들이 물속에서 더 오래 머물 수 있다는 사실을 쉽게 알아차리지 못할 거예요.

유럽사슴벌레
Lucanus cervus

또 우리는 동물의 특정한 신체 부위가 숨겨져 있거나 예상한 모습과 달라서 다른 것이라고 잘못 알기도 합니다. 예를 들어, 홍학의 긴 다리는 무릎이 뒤쪽으로 구부러지는 것처럼 보이지만, 사실은 그렇지 않아요. 홍학은 발가락 끝으로 서 있는 것이랍니다. 즉 우리가 무릎이라고 생각하는 부위는 발목이고, 진짜 무릎은 몸통 가까이에 있어서 깃털에 가려져 있지요.

이 장에서는 모두 언뜻 보아서는 잘 모를 놀라운 능력을 지닌 동물들을 만날 수 있어요.

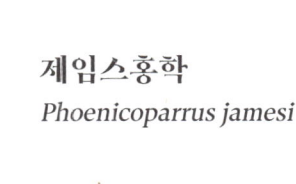

제임스홍학
Phoenicoparrus jamesi

문어

문어야말로 숨겨진 능력을 지닌 동물의 대표적인 사례입니다. 다리가 8개인 이 기이한 연체동물은 아주 놀라운 일들을 할 수 있어요. 복잡한 문제를 풀고, 색깔과 모양을 바꾸고, 심지어는 커다란 문어도 동전만 한 작은 구멍 속을 통과할 수 있답니다.

이 놀라운 동물은 세계의 여러 해역에 살며, 종마다 그 크기가 아주 다양해요. 가장 작은 별빨판꼬마문어 *Octopus wolfi*는 몸길이가 2.5센티미터도 안 되고, 몸무게는 1그램도 안 됩니다. 반면에 대왕문어 *Enteroctopus dofleini*는 몸길이가 거의 5미터에 달합니다.

문어 다리의 밑면에는 둥근 빨판들이 다닥다닥 붙어 있어요. 빨판은 다른 곳에 달라붙고, 물건을 움직이고, 먹이를 움켜쥐어 몸통 아래쪽에 있는 부리처럼 생긴 입으로 가져갈 때 사용하지요.

문어는 지능이 매우 높아요. 몸통에 커다란 중앙 뇌가 있을 뿐만 아니라, 8개의 다리 각각에도 나름의 '작은 뇌'가 있어서, 문어는 다른 종들보다 더 빨리 더 효율적으로 다리로 일할 수 있어요. 각 다리가 중앙 뇌의 지시를 받지 않고도 움직이고, 만지고, 심지어 맛보는 일을 독자적으로 할 수 있기 때문이지요.

또 문어는 위장의 달인이에요. 문어는 피부 밑에 색소 세포라는 특수한 세포를 많이 가지고 있어서, 순식간에 피부색을 바꾸어 주변에 있는 물체와 생물의 색깔을 흉내 낼 수 있답니다. 게다가 피부에는 돌기가 많이 있어, 돌기를 빠르게 넓히거나 수축할 수 있어요. 문어는 이 돌기를 이용해서, 몸의 모양과 질감을 바꾸어 바닷말과 바위처럼 보였다가도, 곧바로 전혀 다른 생물처럼 보일 수도 있어요.

이런 위장술이 다 실패하면, 문어는 8개의 다리를 이용해서 또 다른 묘기를 부립니다.

위험에 처하면, 문어는 공격자의 얼굴을 향해 짙은 먹물을 뿜어낼 수 있어요. 그런 뒤 호흡 기관인 수관을 이용해서 힘차게 물을 뿜어내면서 재빨리 달아납니다.

참문어(왜문어)
Octopus vulgaris

아프리카표범
Panthera pardus pardus

위장

동물은 자신을 잘 알아보지 못하게 하거나, 다른 무언가로 보이도록 하기 위해 위장합니다. 많은 종은 포식자로부터 숨거나 먹이를 잡기 위해서 위장하지요. 둘 다를 위해서 위장하는 종도 있고요. 즉 사냥도 하고 숨기도 하는 용도로 위장합니다. 상대의 눈을 속이고 주위 환경에 잘 섞이는 모양, 색깔, 질감, 전술로 끝없이 숨바꼭질하는 것입니다.

어떤 특정한 서식지에 맞게 위장할 때, 눈과 얼음 속을 돌아다니는 북극곰처럼 밋밋하게 한 가지 색깔만 띠기도 하고, 또는 숲속 환경과 똑같아 보이도록 여러 색깔과 무늬를 띨 수도 있습니다. 포투는 갈색 무늬가 있는 깃털로 덮인 남아메리카의 새입니다. 나무에 앉아 있으면 주변 환경과 잘 섞이므로, 먹지 못하는 부러진 그루터기나 나뭇가지처럼 보이지요.

동물이 자기가 있는 환경에서 몸을 숨기는 또 한 가지 방법은, 반점이나 띠 같은 무늬로 자신의 윤곽이 드러나지 않게 하는 것입니다. 그러면 배경과 뒤섞여서 드러나지 않아요.

북극곰
Ursus maritimus

표범과 치타의 반점은 그들의 신중한 움직임과 잘 들어맞아요. 그래서 이들이 미로처럼 뒤엉킨 나뭇가지, 긴 풀, 조각난 그림자를 뚫고 먹이를 향해 슬금슬금 다가갈 때에도 알아차리기가 어렵답니다. 위장은 두 맹수에게 아주 중요해요. 먹이를 덮쳐서 잡을 기회를 얻으려면, 먹이 가까이까지 다가가야 하기 때문입니다.

치타
Acinonyx jubatus

더 복잡한 위장에는 색깔뿐 아니라, 무늬, 모습, 심지어 행동까지 쓰입니다. 악마나뭇잎꼬리도마뱀붙이는 색깔과 무늬뿐 아니라 움직이는 방식도 죽은 나뭇잎을 쏙 빼닮았어요. 이 동물은 사냥할 때 죽은 나뭇잎 사이에 몸을 숨깁니다. 죽은 나뭇잎처럼 몸을 구부리고 뻣뻣하게 굳은 자세로 꼼짝하지 않고 기다려요. 그리고 위험을 느끼면, 그림자도 줄이기 위해서 몸을 납작하게 만들어서 나무에 찰싹 달라붙습니다.

위장으로 몸을 숨기는 동물들을 더 만나 볼까요?

악마나뭇잎꼬리도마뱀붙이
Uroplatus phantasticus

카멜레온

나는 아주 어릴 때부터 카멜레온을 무척 좋아했습니다. 카멜레온이 어기적거리면서 천천히 움직이는 모습을 몇 시간이고 지켜보고는 했지요. 따로따로 움직일 수 있는 두 눈, 끈적거리는 긴 혀, 안쪽으로 향해 있는 이상한 발과, 색깔을 바꾸는 능력을 지닌 카멜레온은 어느 괴짜 과학자가 만들어 낸 것처럼 보입니다.

카멜레온은 아프리카 남쪽 끝에서부터 인도와 스리랑카까지 퍼져 있는 약 200종의 독특한 파충류 집단이에요. 가장 작은 것은 브루케시아 미크라 수컷인데, 몸길이가 1.5센티미터에 불과해요. 한편 가장 큰 카멜레온은 마다가스카르큰카멜레온으로, 거의 69센티미터까지 자랄 수 있어요. 흥미롭게도 둘 다 마다가스카르에 산답니다. 사실 카멜레온 종의 약 절반은 그 섬에 살아요.

카멜레온은 생애의 대부분을 숲의 나무 꼭대기에서 보냅니다. 안쪽으로 향한 발은 크고 작은 나뭇가지를 움켜쥐는 데 딱 맞고, 꼬리로도 나뭇가지를 감아쥘 수 있어요.

브루케시아 미크라
Brookesia micra

38

팬더카멜레온
Furcifer pardalis

카멜레온은 두 눈을 따로따로 아주 크게 원을 그리면서 이리저리 돌릴 수 있어요. 그래서 몸을 움직이지 않고서도 포식자나 먹이가 있는 주변을 거의 다 살필 수 있지요.

카멜레온은 주로 곤충을 먹는데, 숨겨져 있는 놀라울 만큼 긴 혀로 먹이를 잡아요. 혀를 최대 초속 2.6킬로미터의 속도로 쏘아서 먹이를 잡는답니다. 또 혀는 아주 길어서 자기 몸길이의 2배까지 늘어나고, 사람의 침보다 400배나 끈적거리는 침으로 덮여 있어요.

아마 카멜레온의 가장 잘 알려진 특징은 색깔을 바꾸는 능력일 것입니다. 몸을 숨기기 위해 색깔을 바꾸는 것처럼 보일 수 있지만, 실제로는 몸 색깔이 주위 환경과 잘 들어맞지 않을 때가 많아요. 사실 카멜레온은 주로 두 가지 이유로 색깔을 바꿉니다. 서로 의사소통을 하고, 체온을 조절하기 위해서 색깔을 바꿉니다.

카멜레온은 피부의 색조나 색깔을 바꾸어서, 짝짓기 상대나 경쟁자에게 확실하게 의사를 표현합니다. 예를 들면, 카멜레온 암컷은 샛노란 반점으로 자신이 짝짓기를 할 준비가 되었음을 알리고, 베일드카멜레온 수컷은 다른 수컷들과 마주치면 강렬한 띠무늬로 자신감을 과시합니다.

카멜레온은 변온 동물입니다. 햇빛을 반사할 때는 더 밝은 색이 나오므로, 몸을 식힐 때에는 더 옅은 색깔을 띱니다. 한편, 짙은 색은 태양의 열기를 더 잘 흡수하므로, 몸을 데울 때에는 더 짙은 색깔을 띠지요.

구름표범

땅보다는 나무 위에서 더 많은 시간을 보내는 구름표범은, 히말라야산맥의 가장자리, 동남 아시아 전역, 중국 서부에서 삽니다. 구름표범은 호랑이, 사자, 재규어를 포함한 대형 고양이류 중에서 가장 작지만, 대형 고양이류 중에서 몸집에 비해 송곳니가 가장 깁니다. 호랑이가 몸집은 훨씬 크지만, 송곳니 길이는 둘이 거의 같지요.

구름표범은 털에 독특하게 구름 모양의 얼룩이 있어서 그런 이름이 붙여졌어요. 은밀하게 밤에 돌아다닐 수 있도록 털의 위장이 잘 되어 있답니다. 다리와 배에는 크고 작은 검은 얼룩이 있고, 꼬리에는 두꺼운 검은 고리 무늬가 있으며, 뒷덜미에는 두 줄의 검은 띠무늬가 있어요. 이렇게 모양과 색깔이 다양한 무늬들이 조합됨으로써 윤곽을 알아보기가 어려워요. 햇빛이나 달빛이 숲의 나뭇가지들 사이로 새어 들 때 그늘 속에서 움직이면 알아차리기가 쉽지 않지요.

구름표범은 나무 위에서 살아갈 수 있도록 잘 적응해 왔어요. 짧은 다리와 넓적한 발, 몸길이와 거의 같은 긴 꼬리를 이용해서 나무를 아주 잘 타고 다닙니다. 날카로운 발톱으로 꽉 움켜쥐고 나뭇가지의 밑면을 따라서도 기어갈 수 있고, 거꾸로 매달린 채 먹이가 다가올 때까지 꼼짝하지 않고 오랜 시간 기다릴 수도 있어요.

구름표범은 원숭이에서 호저에 이르기까지, 다양한 동물들을 먹이로 삼아요. 먹이에게 살금살금 다가가거나 먹이가 다가오기를 기다렸다가, 와락 덮쳐서 목을 물어 죽이지요.

이 은밀한 동물이 정확히 몇 마리나 살고 있는지는 잘 모르지만, 수가 줄어들고 있는 것은 틀림없어요. 서식지가 점점 사라졌고, 밀렵으로 그 수가 줄어들었기 때문입니다. 현재 1만 마리도 안 남아 있다고 추정하고 있습니다.

구름표범
Neofelis nebulosa

아프리카펭귄

내가 가장 좋아하는 펭귄인 아프리카펭귄은 당나귀의 울음소리와 비슷한 소리를 시끄럽게 내기 때문에, 남아프리카에서는 당나귀펭귄이라고 부른답니다. 내가 이 펭귄을 좋아하는 주된 이유는 대부분의 사람들이 펭귄이 있을 것이라고는 거의 생각하지 않는 남아프리카에 살기 때문이지요. 그곳에서는 눈을 보려면 수천 킬로미터는 가야 합니다. 아프리카펭귄은 나미비아와 남아프리카공화국의 24개 섬에 살아요. 본토에는 케이프타운 인근의 볼더스비치와 베티스베이 두 곳에서 삽니다.

나는 어릴 때 이 색다른 작은 새들과 함께 헤엄치고는 했습니다. 이들은 날지는 못하지만 날개가 있어요. 다리가 짧아서 육지에서는 뒤뚱뒤뚱 보기 흉하게 움직이지만, 물속에서는 하늘을 나는 새처럼 힘차게 날개를 치며 우아하게 헤엄친답니다. 아프리카펭귄은 작은 편으로, 가장 큰 것도 키가 70센티미터에 불과해요.

펭귄의 턱진 예복 같은 무늬를 볼 때 위장이라는 생각이 거의 떠오르지 않겠지만, 흑백 무늬는 그 자체가 위장용이에요. 펭귄은 배가 하얗고 등이 검으며, 가슴에는 검은 띠와 반점이 있는데, 이 무늬는 사람마다 지문이 다른 것처럼 펭귄마다 달라요. 이 두 색깔의 무늬를 '방어 피음'이라고 말합니다. 육지에서는 별 도움이 안 될지 몰라도, 물속에서는 몸을 숨기는 데 아주 유용해요. 물속에 있는 펭귄을 위에서 보면, 검은 등이 그 아래의 검은 물과 잘 어울려서 구별해 내기 어려워요. 한편 밑에서 올려다보면, 하얀 배가 위에서 내리쬐는 햇빛과 잘 어울려서 또한 구별하기 어렵답니다. 상어가 돌아다니는 물속에서 매우 쓸모 있는 위장술이지요!

아프리카펭귄은 예전에는 수가 많았지만, 지금은 급속히 줄어들고 있어요. 1910년에는 150만 마리였으나 지금은 5만 마리도 안 남은 것으로 추정됩니다. 이 속도라면 슬프게도 아프리카펭귄은 2026년쯤에는 야생에서 멸종될 것이라 예상합니다. 그 생각만 하면 가슴이 아픕니다.

아프리카펭귄
Spheniscus demersus

얼룩말

독특한 줄무늬 덕분에 지구에서 가장 금방 알아볼 수 있는 동물에 속하는 얼룩말을 이 책에 싣는 것이 좀 이상해 보일 수도 있습니다. 그러나 사실 얼룩말의 평범한 모습 속에는 비밀이 숨겨져 있어요. 그 사실을 알고 나면 얼룩말이 매우 흥미롭게 느껴질 겁니다.

얼룩말은 아프리카 남부와 동부에 3종이 살고 있어요. 사바나얼룩말과 그레비얼룩말은 다양한 서식지에서 살고, 산얼룩말은 더 가파른 곳을 좋아합니다. 얼룩말은 예전에는 아프리카에 널리 퍼져 있었지만, 지금은 사냥과 서식지 상실로 모두 위험에 처해 있어요.

얼룩말은 말과 당나귀의 친척이에요. 약 15마리가 한 무리를 지어 사는데, 때로는 누와 같은 초식 동물들과도 어울려서 지내는 매우 사회적인 동물이지요. 얼룩말은 눈과 귀가 아주 좋아요. 두 귀를 따로따로 움직일 수 있고, 서로 교대로 망을 보면서 풀을 뜯는답니다.

위험을 느끼면, 얼룩말은 우르르 달아납니다. 바로 이때 줄무늬가 효과를 발휘하지요. 줄무늬들은 '운동 현혹'이라는 현상을 일으킵니다. 얼룩말들이 무리를 지어서 달리면, 줄무늬들 때문에 각 얼룩말의 윤곽이 흐트러져요. 무리 전체가 굽이치는 하나의 물결 같아 마치 한 마리가 달리는 듯한 착각을 일으킵니다. 또 얼룩말 무리가 갈기를 휘날리면서 쿵쿵 힘차게 달릴 때면, 줄무늬들의 어지럽게 굽이치는 물결은 마치 앞으로 뒤로 동시에 움직이는 듯한 착각을 일으킵니다. 그래서 포식자는 어느 한 마리에 초점을 맞추기가 어려워져요. 게다가 일부 과학자들은 얼룩말의 줄무늬가 깨무는 파리들을 쫓는 데 도움을 준다고 봅니다. 파리가 줄무늬가 있는 곳에는 앉기 싫어한다는 것입니다.

사람의 지문처럼, 얼룩말도 개체마다 줄무늬가 달라요. 왜 그런지 이유는 잘 모르겠지만, 얼룩말들이 이 무늬로 멀리서도 서로를 알아본다고 추측하는 이들도 있습니다.

사바나얼룩말
Equus quagga

호로새

반점이 가득한 이 새는 당나귀 울음소리와 문의 녹슨 경첩이 삐거덕거리는 소리의 중간에 해당하는, 한 번 들으면 잊지 못할 거슬리는 울음소리를 냅니다. 나에게는 어린 시절을 떠올리게 하는 소리지요. 우리 식구들은 아프리카에서 지내던 시절이 그리워 영국에서 작은 농가인 집에 호로새를 몇 마리 키우기도 했답니다.

호로새는 대머리이고, 독특하게 온몸이 흑백 반점으로 덮여 있어요. 언덕이 굽이치는 사바나에서 길가 풀숲과 집의 정원에 이르기까지, 아프리카 전역에 살지요. 닭목(칠면조, 닭, 꿩을 포함한 집단)의 새들 중에서 가장 오래된 집단에 속해요. 약 4천만 년 전 에오세의 화석도 있어요.

호로새는 약 30마리까지 무리를 지어 살며, 물소나 누와 같은 동물 떼를 따라다닙니다. 씨, 곤충, 작은 도마뱀도 먹고, 초식 동물 떼가 이동할 때 놀라서 튀어나오는 진드기 같은 해충들도 잡아먹는 등 아주 다양한 먹이를 먹습니다.

호로새의 독특한 울음소리와 반점 무늬를 설명하는 재미있는 이야기가 있어요. '호로새는 어떻게 반점 무늬를 갖게 되었나?'라는 내가 좋아하는 설화지요.

태초에 모든 것이 시작될 때, 호로새는 그냥 칙칙한 검은 깃털을 지닌 작은 새였다. 지금 같은 반점은 없었다.

호로새는 암소와 친구가 되었고, 그들은 함께 몇 시간씩 돌아다니곤 했다. 소는 풀을 뜯고, 호로새는 그 옆에서 벌레와 씨를 쪼아 먹었다.

소가 풀을 뜯을 때면 머리를 숙여 위험을 알아차릴 수 없었으므로, 호로새가 눈 역할을 해 주었다. 호로새의 새된 울음소리 덕분에 암소는 사바나의 웃자란 풀을 헤치고 슬금슬금 다가오는 사자 같은 포식자들로부터 여러 차례 목숨을 구할 수 있었다.

호로새
Numida meleagris

사자는 호로새 때문에 사냥에 계속 실패하자, 호로새를 미워했다. 이를 눈치 챈 암소는 친구를 지키기 위해, 꼬리를 우유에 담갔다가 호로새의 몸에 뿌렸다. 그래서 호로새는 지금의 독특한 흑백 반점 무늬를 지니게 되었다. 덕분에 호로새는 초원의 긴 풀 줄기들 사이로 햇빛이 새어 드는 환경에서 몸을 잘 숨길 수 있게 되었다.

나는 이 단순한 이야기가 마음에 듭니다. 호로새와 다른 동물들 사이의 관계와, 호로새의 깃털 무늬가 윤곽을 흐트러뜨림으로써 몸을 숨겨 준다는 점을 명확히 알려 주기 때문입니다.

눈에 안 띄게 숨기

많은 동물들은 포식자의 눈에 띄지 않음으로써 살아남습니다. 포식자를 피해서 동굴이나 섬에 사는 동물도 있고, 땅속에 머무는 동물도 있어요.

야행성이 됨으로 몸을 숨기는 동물도 있어요. 즉 주로 밤에 활동한다는 뜻이지요. 이 방법은 포식자를 피하는 데 도움을 줄 수도 있지만, 포식자도 같은 방법을 쓸 수 있어요. 사자가 밤에 사냥하는 이유 중 하나는 밤에 잘 못 보는 먹잇감이 많기 때문이랍니다.

어떤 동물은 몸집이 작아서 눈에 잘 띄지 않아요. 주위에 자신을 잡아먹으려는 적들이 가득할 때에는 들키지 않는 것이 최선의 방법이지요. 아프리카 북서부와 유럽에 사는 작은 설치류인, 날래고 경계심이 많은 북숲쥐는 짙은 색의 털과 작은 몸 덕분에 밤에 여우, 족제비, 부엉이 같은 포식자에게 들키지 않고 돌아다닐 수 있답니다.

동물은 섬에 홀로 떨어져 살아가는 식으로 자기 종의 다른 집단들과 격리되면, 본토의 친척들과 전혀 다른 방향으로 진화하곤 합니다. 나무로 올라가거나 바다로 들어가는 습성이 발달하기도 하고, 식성과 모습이 바뀌기도 하며, 세월이 흐르면서 가까운 친척들이 지닌 특징들 중 일부를 버리기도 합니다. 아예 전혀 다른 신종으로 진화하기도 하지요. 육지 생활을 하던 파충류가 물로 들어가거나, 새가 날개를 더 이상 나는 용도로 사용하지 않을 수도 있어요. 에콰도르의 갈라파고스제도에 사는 날지 못하는 새 가마우지가 그래요. 이 제도에는 포식자가 없었고 번식지를 찾아서 굳이 멀리 날아갈 필요도 없었기 때문에, 그들은 결국 나는 능력을 버린 것이지요.

이 장에서는 눈에 띄지 않으면서 살아가는 많은 종들을 살펴볼까요?

속눈썹살무사
Bothriechis schlegelii

피그미마모셋
Cebuella pygmaea

피그미 마모셋

어떤 동물은 아주 작기 때문에 들키지 않고 살아갑니다. 아예 눈에 잘 띄지 않는다면, 들키지 않고 지내기가 훨씬 쉽지요.

피그미마모셋은 남아메리카의 우림에 사는 원숭이 종인데, 아주 작아서 거의 눈에 띄지 않아요. 몸무게가 100그램 남짓한, 세계에서 가장 작은 원숭이랍니다. 또 마다가스카르의 베르트부인쥐여우원숭이 다음으로 가장 작은 영장류이기도 하지요.

피그미마모셋은 검정, 회색, 황갈색이 섞여 있고, 성체 2~9마리와 그의 새끼들이 한 무리를 이루어 평생을 나무 위에서 살아요.

이 작은 영장류는 나무 위 생활에 알맞은 다양한 적응 형질을 지니고 있답니다. 위험이 있는지 살펴보기 위해 머리를 180도 돌릴 수도 있고, 나뭇가지에 매달리는 데 쓰이는 날카로운 갈고리발톱 같은 발톱과, 균형을 잡는 데 쓰이는 긴 꼬리를 가지고 있어요. 걸을 때에는 네 발을 다 이용하고, 5미터 떨어진 나무로 건너뛸 수도 있어요. 자기 몸길이의 거의 50배나 되는 거리입니다.

피그미마모셋은 작은 고양이류와, 속눈썹살무사 같은 뱀, 하피수리 같은 맹금류로부터 재빨리 달아나려면 이런 능력들을 잘 활용해야 한답니다.

나마콰비
개구리

동물들이 안전하게 살아가는 또 한 가지 방법은 대부분의 시간을 땅속에서 지내는 것입니다. 그런 전략을 쓰는 동물 중 내가 좋아하는 것은 나마콰비 개구리예요. 이 작은 양서류는 남아프리카, 나미비아, 짐바브웨의 사막 지역에 살아요.

이들은 남아프리카의 나마콸란드(지명에서 이름이 붙여졌어요.)와 카루처럼 주로 모래로 뒤덮여 있고 군데군데 덤불이 자라는 메마른 저지대에서 삽니다.

나마콰비 개구리는 작고 둥근 몸, 짧고 좁은 머리, 커다란 눈과 불만스러워 보이는 입 때문에, 늘 화난 표정으로 쭈그리고 있는 것처럼 보입니다. 주로 모래를 파서 시원하고 습기가 있는 굴속에서 지내다가, 밤에만 나와서 곤충과 애벌레 같은 먹이를 잡아먹어요. 이 작은

나마콰비개구리
Breviceps namaquensis

개구리는 위험을 느끼면 몸을 부풀릴 수 있는데, 그렇게 하면 원래 몸집보다 훨씬 더 커 보이지요. 그리고 끽끽 소리를 질러서 포식자를 물리친답니다.

대다수의 양서류와 달리, 나마콰비개구리는 완전히 물을 떠나서 살며 번식합니다. 땅속에 만든 방에 알을 낳고 진한 젤리 같은 물질로 덮어요. 알에서 올챙이가 나올 때쯤이면 젤리는 부드러워져서 액체가 되고, 올챙이는 개구리가 될 때까지 그 안에서 지냅니다. 그 뒤에 굴을 파면서 떠나요.

원숭이올빼미
Tyto alba

원숭이올빼미

야행성 동물은 대개 청각과 후각이 매우 발달했고, 밤눈도 아주 밝습니다. 야행성 동물은 몸집에 비해 눈이 유달리 큰 종이 많아요. 빛이 약한 밤에 더 많은 빛을 눈에 받아들이기 위해서이지요. 갈라고(부시베이비라고도 합니다.)와 원숭이올빼미가 대표적이랍니다.

원숭이올빼미는 눈이 아주 커서 밤에 잘 볼 수 있을 뿐 아니라, 청각도 아주 좋아요. 심장 모양의 얼굴도 밤에 돌아다니고 사냥하는 데 알맞게 적응한 특징이랍니다. 이 올빼미의 얼굴에 난 깃털은 접시 모양을 이루며, 접시 안테나처럼 소리를 모아서 귀로 보내는 역할을 합니다. 게다가 이들은 특수한 얼굴 근육으로 이 접시의 모양을 마음대로 바꿀 수 있어요. 그래서 주변의 소리들 중에서 특정한 소리를 골라서 초점을 맞추어 먹이가 어디에 있는지 잘 찾아냅니다.

대부분의 올빼미처럼, 원숭이올빼미도 소리 없이 날아다녀요. 이 능력은 세계의 다양한 서식지에서 땅에 사는 생쥐와 들쥐 같은 작은 먹이를 사냥하는 데 도움이 되지요. 원숭이올빼미가 먹이를 잡을 때도 귀는 아주 유용해요. 귀는 아주 예민할 뿐 아니라, 좌우가 비대칭입니다. 즉 양쪽 귀는 모양도 다르고, 한쪽이 다른 쪽보다 더 높이 달려 있어요. 먹이가 나뭇잎이나 풀잎 사이로 움직이는 소리가 들리면, 비대칭적인 귀로 어디에 있는지 알아내지요. 소리가 양쪽 귀에 도달하는 시간이 조금 차이가 난다는 점을 이용하여, 먹이가 있는 곳을 정확히 탐지한답니다.

아프리카수리부엉이를 비롯하여 많은 부엉이 종들도 귀가 비대칭이에요. 이 수리부엉이는 귀털이 삐죽 솟아서 귀가 머리 꼭대기에 붙어 있는 것처럼 보이지만, 사실은 머리 양쪽에 비대칭으로 달려 있어요.

아프리카수리부엉이
Bubo africanus

북숲쥐
Apodemus sylvaticus

코모도왕도마뱀

동물 종은 외딴 섬에 고립되어 살면, 환경에 맞추어서 몸집이 변하기도 합니다. 예를 들어, 몸집이 작은 동물이 위험이 적고 활동할 공간이 더 넓은 섬에 우연히 들어갈 수도 있어요. 그러면 그 동물은 본토에 사는 더 큰 다른 동물과 비슷해지는 쪽으로 진화합니다. 반면에 커다란 동물이 자원이 부족한 섬에 들어가면, 몸집이 작아지는 쪽으로 진화할 수도 있어요. 살아남으려면 작아져야 하기 때문이지요.

인도네시아 제도에 사는 코모도왕도마뱀이 바로 이런 사례입니다. 몸길이가 3미터까지 자라는 이 종은 사실은 도마뱀이 아주 크게 자란 것으로, 다른 지역에 사는 호랑이 같은 커다란 육식 동물과 몸집과 행동이 비슷해지는 쪽으로 진화한 것입니다. 몸집은 아주 크지만, 가장 큰 녀석도 한 달에 한 번밖에 먹지 않아요. 대신에 한 번 먹을 때면 자기 몸무게의 80퍼센트에 달하는 양까지도 먹는답니다. 그런 뒤에 저장한 에너지로 한 달을 살아요.

이들은 대개 홀로 살아가지만, 때로는 무리를 이루어 적극적으로 협력하면서 사냥하기도 하지요. 파충류 중에서 그런 동물은 이 종이 유일합니다.

코모도왕도마뱀에게 물리면 치명적입니다. 예전에는 그들이 생물의 사체 따위를 먹이로 하는 동물인 청소동물이기 때문에 그렇다고 생각했어요. 입에 치명적인 세균이 가득해서 어떤 먹이든 물리면 금방 감염이 되어 달아날 겨를조차 없이 죽는다고 여겼어요. 그러나 나중에 아래턱에 독성 단백질을 분비하는 샘이 2개 있다는 것이 밝혀졌지요. 따라서 코모도왕도마뱀은 세계에서 독을 지닌 몇 안 되는 도마뱀 중 하나랍니다.

코모도왕도마뱀의 가장 놀라운 적응 형질은 암컷이 수컷 없이 번식을 할 수 있다는 것이에요. 이것을 '단성 생식'이라고 하지요. 게다가 수컷이 없을 때, 암컷은 수컷만 부화하는 알을 낳을 수도 있어요. 그런 뒤에 그 수컷과 짝을 지어서 새로운 무리를 구성합니다. 그 뒤에는 알에서 암수가 모두 부화하지요. 이는 섬 같은 고립된 곳에서 살아남기 위한 놀라운 적응 형질이랍니다.

코모도왕도마뱀
Varanus komodoensis

코모도왕도마뱀
Varanus komodoensis

동굴 생활

여러 가지 이유로, 많은 동물은 동굴처럼 접근하기 어려운 곳에서 살아갑니다. 박쥐와 같은 야행성 종들은 포식자를 피하기 위해 동굴에 살지요. 아무튼 들키지 않으면 잡아먹히지 않으니까요. 이런 동물들은 어둠 속에서 쉬고 번식합니다. 낮에는 잠을 자고, 어두워지면 먹이를 찾으러 밖으로 나옵니다.

진동굴성 동물은 땅속이나 동굴 생활에 아주 잘 적응하여, 결코 밖으로 나가지 않는 종을 달합니다. 동굴에 들어왔다가 갇히는 바람에 그 안에서 진화한 어류, 거미, 딱정벌레, 노래기도 있고, 본래부터 죽 동굴 속에서만 살아온 종들도 있습니다.

이 동굴 거주자들의 공통점 중 하나는 그 안에서 살아가도록 아주 잘 적응해 있다는 것입니다. 진동굴성 동물은 바깥에서 오래 살 수가 없기 때문에, 이 동글 저 동굴로 옮겨 다닐 수가 없어요. 그래서 많은 진동굴성 동물은 한 동굴에서만 살고, 환경 변화에 유달리 취약하지요.

이들은 앞을 못 보거나 완전히 흰색인 종이 많아요. 빛이 전혀 없는 곳에서는 눈도 색깔도 필요 없기 때문입니다. 잃어버린 감각을 보완하기 위해서, 몇몇 종은 청각, 후각, 촉각이 아주 잘 발달했어요. 이들은 눈은 없지만, 감각 수용기가 가득한 긴 더듬이로 주변 세상을 '봅니다'.

유럽 중부와 남동부의 동굴에 사는 창백한 도롱뇽인 올름은 대표적인 진동굴성 생물입니다. 한살이의 단계에 따라서 물속과 물 밖을 거치는 대다수 양서류와 달리, 올름은 평생을 물속에서 지냅니다. 앞을 전혀 보지 못하므로, 뛰어난 후각과 청각을 이용해서 작은 곤충, 새우, 고둥을 잡아먹어요.

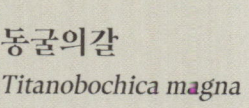

동굴의갈
Titanobochica magna

토끼박쥐
Plecotus auritus

먹이가 부족해지면, 올름은 10년까지도 전혀 먹지 않고 버틸 수 있어요. 동굴 생활의 또 한 가지 적응 형질 덕분이랍니다. 바로 느린 물질대사지요. 몸이 먹이와 영양소를 훨씬 더 천천히 처리하고, 따라서 에너지를 매우 효율적으로 활용한다는 뜻입니다. 동굴에서는 먹이가 적고 오랫동안 먹지 못할 때도 있기 때문에, 이런 적응 형질은 올름의 생존에 매우 중요합니다.

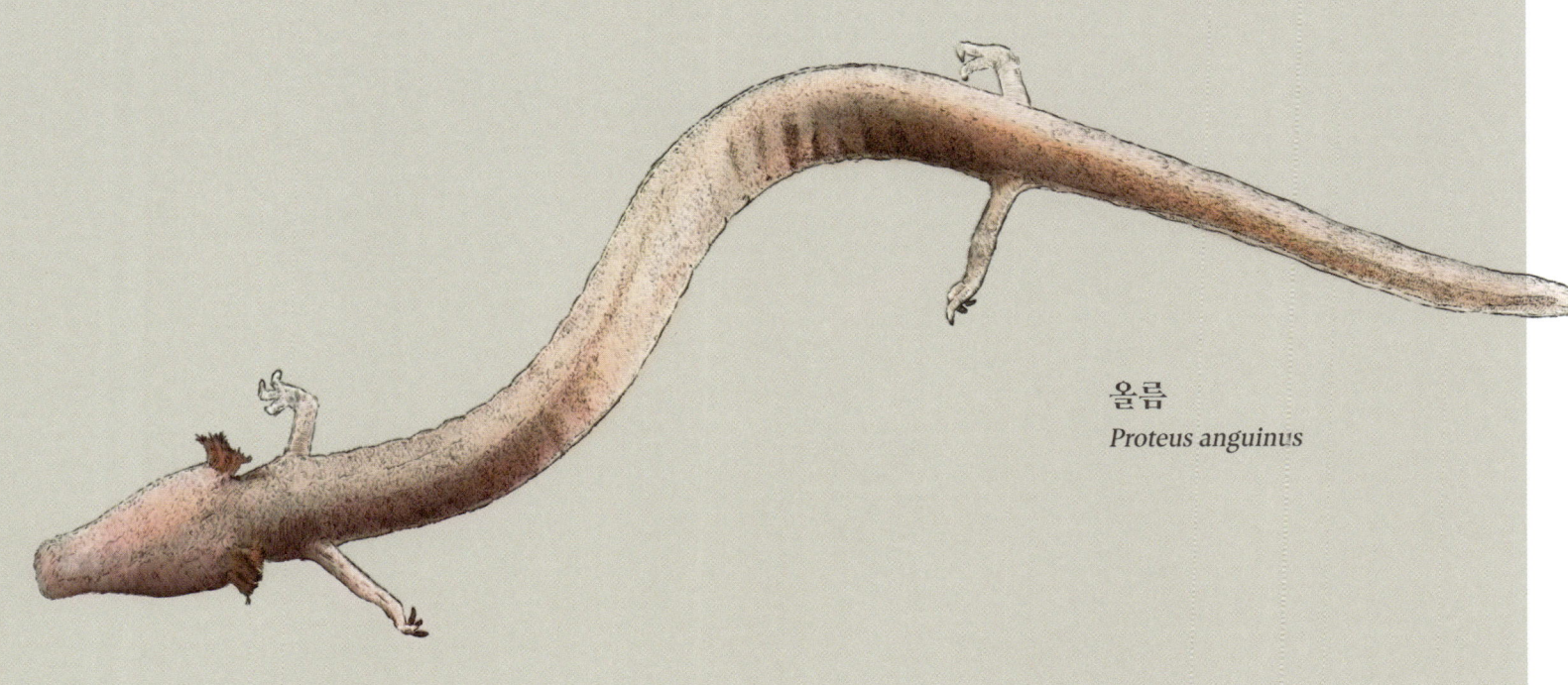

올름
Proteus anguinus

목도리태양새
Hedydipna collaris

루비토파즈벌새
Chrysolampis mosquitus

수렴 진화

'수렴 진화'는 자연에 숨겨져 있는 가장 흥미로운 과정 중 하나이지요. 수렴 진화는 서로 가까운 친척이 아닌 생물들이 같은 환경에 적응하면서 비슷한 특징들을 지니게 된 것을 말합니다.

비행은 수렴 진화의 완벽한 사례예요. 새, 박쥐, 곤충, 지금은 사라진 익룡은 각자 독자적으로 비행 능력을 갖추었고, 나는 방법도 종마다 크게 다릅니다. 각 종의 날개 구조를 보면 크게 차이가 있어요. 새의 날개는 박쥐의 날개와 전혀 다릅니다. 박쥐의 날개는 아주 길어진 4개의 손가락과 다리 사이에 걸쳐서 피부막이 늘어난 것인 반면, 새의 날개는 원래 손목과 손이었던 부위의 뼈들이 융합된 부위와 아래팔에 난 깃털로 이루어졌어요. 손가락 중에서 2개만 짧게 흔적이 남아 있고, 거기에 깃털이 하나씩 붙어 있는 것입니다.

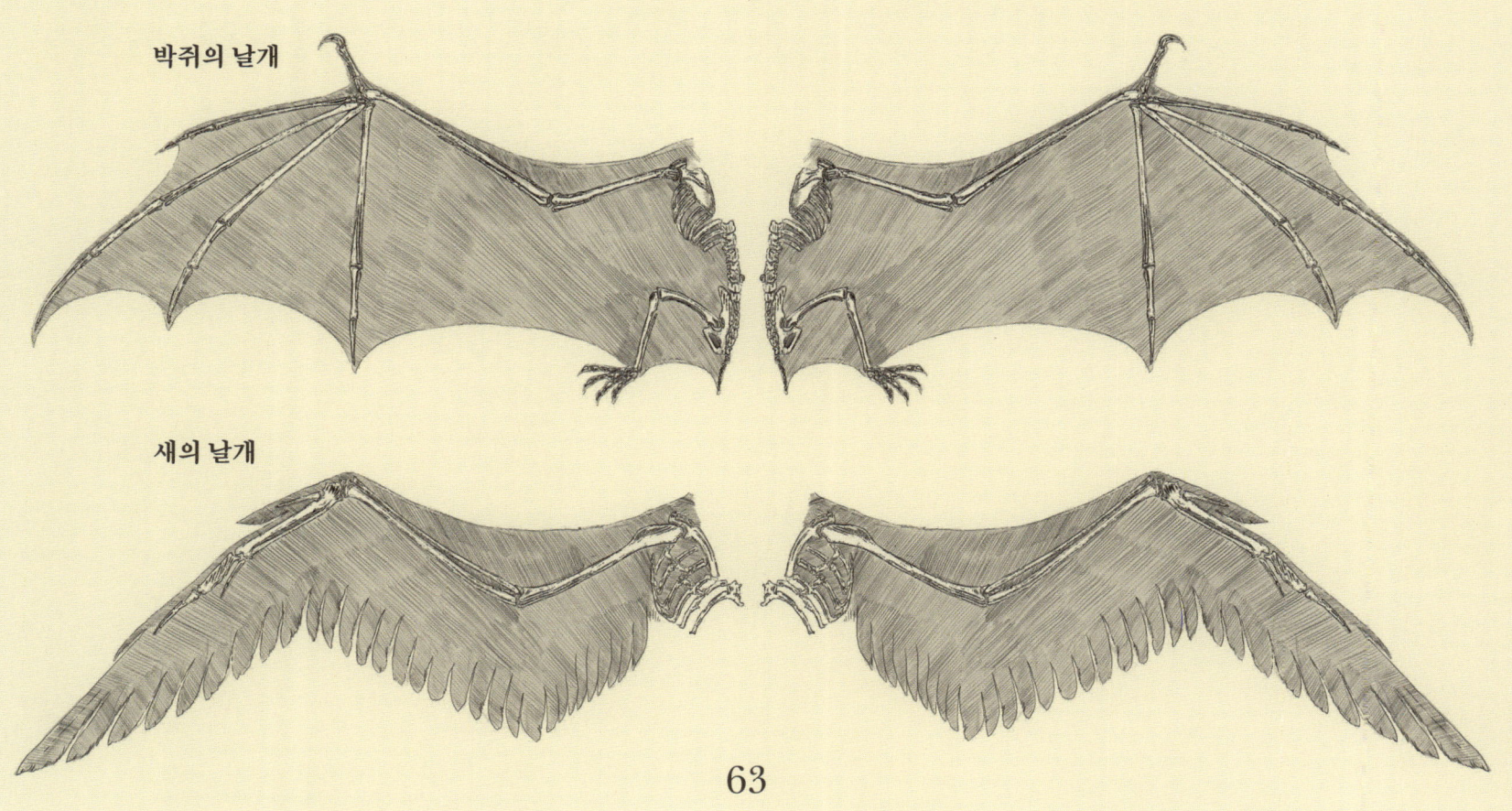

박쥐의 날개

새의 날개

내가 특히 관심을 가진 현상 중 하나는 서로 전혀 무관한 생물들이 종종 똑같은 모습으로 진화할 수 있다는 것입니다. 나는 어릴 때부터 새에게 푹 빠져 있었어요. 특히 태양새 같은 화려한 색깔을 띤 새들이 무척 좋았어요. 나는 어릴 때 남아프리카의 할머니 집 정원에서 태양새를 처음 보았는데, 태양새가 이 꽃 저 꽃 사이를 날아다니는 모습을 보다가, 모습과 행동이 벌새와 너무나 똑같다는 사실을 알아차렸습니다.

푸른귀벌새
Colibri coruscans

태양새와 벌새가 너무나 닮아서, 어떤 종들은 나란히 놓으면 같은 종이나, 적어도 아주 가까운 친척 종이라고 착각할 수도 있어요. 둘 다 작고 빠르며, 화려한 색깔의 깃털에, 꽃 안으로 깊숙이 넣어서 꿀을 빠는 길고 굽은 부리를 지니고 있지요. 그러나 태양새와 벌새는 서로 가까운 친척이 결코 아니랍니다.

공작태양새
Nectarinia famosa

나무제비
Tachycineta bicolor

까치
Pica pica

벌새는 아메리카에 살지만, 태양새는 아프리카와 동남 아시아에 살지요. 사는 곳이 수천 킬로미터 떨어져 있을 뿐 아니라, 속해 있는 과도 전혀 다릅니다. 벌새는 사실 태양새보다 칼새와 더 가깝고, 태양새는 참새와 까치, 까마귀와 더 가까워요.

두 새 사이의 놀랍게 닮은 점들은 모두 수렴 진화를 통해 나온 것입니다. 환경이 비슷해서 비슷한 특징을 갖추는 쪽으로 진화한 것이지요.

쿠두
Tragelaphus strepsiceros

너무 다른 암컷과 수컷

한 종의 암컷과 수컷이 모습이 크게 다를 때도 있습니다. 크기, 몸무게, 색깔, 무늬, 심지어 행동까지 다를 수 있지요. 이 차이를 이형성이라고 하는데, 여러 가지 이유로 나타날 수 있어요.

한 종의 암수 차이는 '짝 선택'에서 비롯될 수 있어요. 즉 상대방이 좋아하는 특징을 지닌 암수가 번식에 성공할 가능성이 높을 때, 따라서 환경에 적응할 가능성이 더 높을 때 나타납니다. 예를 들어, 일부 종(특히 대다수의 포유류)은 수컷이 암컷보다 훨씬 더 커요. 대체로 수컷이 가족과 영역을 지키는 일처럼 힘을 쓰는 역할을 맡기 때문입니다. 또 사슴 같은 종에서 보듯이, 수컷은 뿔과 엄니처럼 그 역할을 하는 데 도움이 되는 신체 기관이 아주 크게 자라기도 해요. 암컷이 몸집이나 그런 기관이 크고 인상적인 수컷을 고르기 때문이지요. 반면에 대부분의 곤충은 암컷이 수컷보다 훨씬 커요. 암컷이 알을 많이 낳아야 하기 때문이랍니다.

암수 차이가 생기는 또 다른 이유는 먹이를 더 많이 구하기 위해서입니다. 독수리 같은 맹금류는 대개 암컷이 수컷보다 더 커요. 자신뿐 아니라 새끼까지 먹여야 하기 때문입니다.

많은 종은 들키지 않고 주변 환경과 잘 섞이기 위해서 위장을 하지만, 극락조, 공작새, 꿩의 수컷은 화려한 장식을 뽐냅니다. 누군가의 먹잇감이 되겠다고 스스로 나서는 것처럼 보일 수도 있지요! 그러나 그들은 사실 자기 유전자를 후대로 전달할 가능성을 높이는 일을 하고 있는 것입니다. 멋진 깃털을 자랑하는 수컷은 짝을 얻을 가능성이 높아지기 때문입니다.

인도공작
Pavo cristatus

수컷 꿩은 야생에서 채 1년도 살지 못하는 반면, 암컷은 2배는 더 오래 살아요. 그러나 짝을 유혹하는 능력은 수컷이 얼마나 오래 사느냐와 무관합니다. 암컷에게 얼마나 매력적으로 보이느냐에 달려 있지요. 화려한 색깔의 깃털은 수컷이 튼튼하고 건강하며, 따라서 아빠가 되기에 좋다고 말하는 것입니다. 건강하지 못한 수컷은 화려한 깃털을 자랑하다가 금방 잡혀 먹힐 가능성이 높기 때문입니다.

아주 오랜 세월 그런 과정이 진행되면, 수컷은 암컷과 점점 더 모습이 달라집니다. 색깔이 더 화려해지고, 뿔이 점점 더 커지고 인상적인 모양이 되지요. 이 차이는 여러 가지 형태로 나타날 수 있습니다.

이 장에서는 내가 좋아하는 사례를 몇 가지 살펴보기로 해요!

꿩
Phasianus colchicus

사자

사자는 세계에서 가장 쉽게 알아볼 수 있는 종에 속하며, 대형 고양이류 중에서 호랑이 다음으로 큽니다! 사자는 이형성을 띠지요. 수컷이 암컷보다 훨씬 크고 무거워서, 수컷이 암컷보다 2배나 무거울 때도 있어요. 위엄 있는 모습, 우렁찬 울음소리, 인상적인 갈기를 자랑하는 수컷은 '동물들의 왕'이라는 찬사를 받고도 남습니다. 그러나 이런 평판과 달리, 실제로 무리에서의 역할은 대부분 암컷이 맡아서 한답니다.

사자의 한 가지 독특한 점은 고양이류 중에서 유일하게 무리를 지어 사는 종이라는 것입니다. 아주 혈연관계가 가까운 수컷 1~3마리에 암사자와 새끼 사자 십여 마리가 무리를 이룹니다. 암사자들이 혈연관계를 이어 가지요. 대개 암컷은 다 자란 뒤에도 무리에 머물기 때문입니다. 반면에 수컷은 자라면 무리를 떠나서, 다른 수컷이 이끄는 무리를 차지함으로써 자신의 무리를 새로 꾸립니다.

수컷은 무리의 영역을 지키는 일을 합니다. 영역은 약 250제곱킬로미터에 이르기도 하지요. 수컷은 냄새로 영역을 표시하고, 으르렁대고, 필요하다면 침입자를 내쫓음으로써 영역을 지킵니다.

아프리카들개
Lycaon pictus

사냥은 대부분 암컷이 하고, 새끼를 기르는 일도 암컷이 도맡아 합니다. 암컷은 때로 홀로 사냥하며, 자기 몸집의 2배나 되는 먹이를 집으로 끌고 올 수도 있습니다. 암컷들은 때로 함께 사냥에 나서서 혼자서 잡기 어려운 더 큰 동물까지 훨씬 더 빨리 잡을 수 있습니다. 영양, 얼룩말, 누, 물소가 그런 먹잇감이지요.

뛰어난 사냥 실력을 지니고 있지만, 사자는 사실 스스로 먹이를 잡기보다는 하이에나, 표범, 들개로부터 먹이를 빼앗는 일을 더 많이 합니다.

사자는 용맹, 크기와 힘으로 유명하지만, 우리의 도움을 필요로 하고 있어요. 많은 서식지에서 멸종 위기에 처해서, 지금은 아프리카의 사하라 남부에 군데군데 남은 서식지에서만 살고 있습니다. 인도의 기르 국립 공원에도 얼마 안 남은 인도사자 집단이 위태롭게 살고 있습니다.

아프리카물소
Syncerus caffer

하피수리

하피수리라는 이름은 고대 그리스 신화에 나오는 반은 사람이고 반은 새인 괴물의 이름에서 땄어요. 따라서 불사조처럼 신화 속의 동물이라고 생각할 수도 있어요. 그러나 하피수리는 회색곰 만한 몸집에 커다란 굽은 부리와 갈고리발톱을 갖춘 맹금인, 하늘을 나는 진짜 새입니다. 원숭이나 나무늘보에게는 진짜로 무시무시한 새입니다!

중앙아메리카와 남아메리카의 저지대 열대 우림에 사는 하피수리는 세계에서 가장 크고 가장 힘센 맹금류에 속합니다. 몸길이는 1미터, 날개폭은 2미터까지 자라기도 하지요.

하피수리는 주로 나무늘보와 원숭이를 잡아먹는데, 사냥할 때 다양하고 강력한 감각을 이용합니다. 얼굴의 깃털은 접시 모양으로 배치되어서 소리를 모으는 역할을 해요. 그래서 소리를 더 잘 들을 수 있지요. 시력도 아주 좋아서 200미터 떨어진 곳에서 우표만 한 물체까지 알아볼 수 있답니다.

짧지만 힘센 날개로 시속 80킬로미터의 속도로 날 수 있어, 임관 밑에서 나무에 달라붙어 있는 먹잇감을 덮쳐서 끌어냅니다. 다리는 사람의 손목만큼 굵고, 동물 중에서 가장 긴 갈고리발톱이 있어요. 발힘도 동물 중에서 가장 센 편에 속합니다. 덮칠 때면 수백 킬로그램의 충격을 가할 수 있지요. 먹잇감의 뼈까지 부수어서 그 자리에서 죽일 수도 있어요.

암수는 겉모습은 똑같지만, 암컷이 수컷보다 몸집이 더 많이 커요. 이유는 잘 모르겠으나, 알을 낳고 새끼를 기를 때 포식자로부터 둥지를 지키기 위해서 몸집이 더 커진 것이라고 추측하는 이들도 있습니다.

하피수리는 암수가 짝을 지으면 평생을 같이 살며, 2~3년마다 새끼를 한 마리만 낳아 기릅니다. 그래서 놀라울 만큼 강하고 위엄이 넘치지만, 서식지 상실과 사냥 등 인간이 가하는 환경 압력에 유달리 취약하답니다.

하피수리
Harpia harpyja

큰극락조
Paradisaea apoda

흰긴꼬리풍조
Astrapia mayeri

극락조(풍조)

극락조는 이형성을 가장 잘 보여 주는 사례에 속합니다. 수컷은 놀라울 만큼 멋진 깃털을 뽐내는 반면, 암컷은 위장하기 좋은 갈색 깃털로 덮여 있지요. 수컷은 깃털이 너무나 화려해서, 사실상 암컷과 전혀 다른 종처럼 보입니다.

극락조는 39종이 있는데, 모두 인도네시아 동부, 파푸아 뉴기니, 호주 동부에 살아요. 대부분 빽빽한 우림에 살며, 열매와 곤충을 먹고 삽니다.

극락조는 암수의 모습이 크게 다를 뿐 아니라, 종마다 모습이 크게 다릅니다. 몸길이가 16센티미터인 왕극락조부터 그보다 3배나 더 큰 큰극락조에 이르기까지 몸집도 제각각입니다.

극락조 수컷은 선명한 파란색, 초록색, 빨간색을 비롯하여 온갖 화려한 색을 띠며, 햇빛을 받으면 무지갯빛으로 반짝거리면서 금방 다른 색깔로 보이기도 합니다. 장식 깃털이 머리에 있는 종도 있고, 가슴이나 꼬리 등에 있는 종도 있지요. 또 장식 깃털이 전혀 없는 종도 있답니다. 이 온갖 놀라운 모습을 지닌 이유는 딱 하나예요. 바로 암컷의 눈에 들기 위해서지요.

극락조 수컷은 놀라운 깃털과 현란한 색깔을 써서 짝을 유혹하기 위해 고안된 복잡한 과시 행동을 펼칩니다. 수컷은 특이한 소리를 내면서 정해진 순서에 따라 정확한 움직임을 잇달아 되풀이하면서 암컷의 시선을 끌기 위해 애쓰지요. 머리를 끄덕거리고, 한 곳에서 통통 뛰고, 좌우로 몸을 흔들면서 뛰는 것 같은 행동을 합니다.

왕극락조 수컷
Cicinnurus regius

수컷은 매일 몇 시간씩 시간을 내어서 특별한 춤을 연습하고 낙엽과 잔가지를 치우는 등 공연장을 관리합니다. 그런 뒤에 마냥 기다리다가 암컷이 다가오면 공연을 펼치기 시작하지요. 자신의 멋진 깃털을 가장 잘 뽐낼 수 있는 몸짓을 펼칩니다.

극락조 중에는 위험에 처한 종이 많습니다. 극락조의 화려한 깃털은 옷 장식이나 의식 행사 때 장식으로 널리 쓰였으므로, 예전부터 많이 사냥을 당했지요. 또 인간이 숲을 없애면서 서식지가 사라지는 탓도 있습니다.

왕극락조 암컷
Cicinnurus regius

왕극락조 수컷의 꼬리깃털

색깔의 비밀

동물의 색깔은 단순한 특징처럼 보이지만, 사실 색깔에는 아주 복잡하고 많은 비밀이 숨어 있어요. 동물은 위장에서 신호 전달에 이르기까지, 다양한 이유로 여러 가지 영리한 방법으로 색깔을 이용하지요. 다가오면 위험할 것이라고 포식자에게 색깔로 경고하는 종도 있고, 더 위험한 종의 색깔을 흉내 냄으로써 포식자를 물리치는 종도 있습니다.

동물이 색깔을 만드는 방법은 아주 많습니다. 일부 종, 특히 어류, 파충류, 갑각류는 색소를 지니면서 빛을 반사하는 색소 세포가 피부에 있지요. 색소는 피부, 눈, 머리카락 등 몸의 여러 부위에 색깔을 내어, 빨간색, 초록색, 노란색 등 다양한 색을 띱니다.

태양새, 벌새, 극락조 같은 많은 새들은 깃털이 아주 선명한 색깔을 띱니다. 무지갯빛처럼 원래는 없는 색깔로 반짝이기도 하지요. 그런 새들의 깃털에는 서로 겹쳐서 마름모꼴 무늬를 이루는 수십만 개의 미세한 투명한 비늘들이 덮여 있고, 그 비늘들은 몇 겹의 층을 이룹니다.

큰비늘풍조
Ptiloris magnificus

갑오징어
Sepia officinalis

빛이 비늘에 닿으면 일부만 반사되며, 사람의 눈은 그 반사된 빛을 파란색이라고 느낍니다. 한편 비늘들이 몇 층에 걸쳐서 빛을 통과시키고 반사함에 따라서 다양하게 빛의 간섭이 일어나지요. 그래서 실제로는 없는 색깔들이 반짝거리면서 마치 있는 것처럼 착시를 일으킵니다. 이것을 구조색이라고 말해요. 많은 새들은 구애의 춤을 출 때 구조색을 이용하여 뽐냅니다. 무지갯빛은 빛이 새의 깃털에 알맞은 각도로 닿을 때에만 비칠 수 있으므로, 큰비늘풍조 같은 몇몇 새의 수컷은 반짝이는 색깔들이 잘 비치도록, 암컷이 어디에 있느냐에 따라서 위치를 바꾼답니다.

갑오징어, 오징어와 몇몇 심해어류 등은 스스로 빛을 낼 수 있으며, 때로 여러 가지 색깔을 내기도 합니다. 이를 생물 발광이라고 하지요. 한편, 햇빛에 화상을 입지 않도록 피부에 특수한 색소가 든 동물들도 있어요. 액시스사슴 *Axis axis*은 햇빛이 가장 많이 닿는 등줄기를 따라 짙은 색깔의 띠무늬가 나 있지요. 또 몇몇 개구리는 카멜레온처럼 피부색을 더 짙게 또는 연하게 만들어서 체온을 조절합니다.

생물들이 색깔을 이용하는 방식은 놀라울 만큼 다양합니다. 대부분의 종은 적어도 두 가지 이상의 방법을 써서 생존에 필요한 다양한 색깔과 효과를 만들어 내지요.

염색독화살개구리
Dendrobates tinctorius

깃털

새는 깃털이 있다는 점에서 다른 모든 동물들과 구별됩니다. 깃털은 자연에서 가장 복잡하면서 놀라운 구조 중 하나지요. 깃털은 파충류의 비늘에서 진화했어요. 비행, 체온과 수분 유지, 의사소통 등 새의 삶의 거의 모든 측면에 영향을 줍니다. 새는 신체 감각과 위장술을 통해서 자신을 보호하지요. 우리는 새의 깃털의 색과 모양으로 종을 구분하고, 때로는 암수도 알아볼 수도 있어요.

우리의 털과 손톱이 케라틴으로 되어 있는 것과 마찬가지로 새의 깃털도 케라틴으로 되어 있어요. 깃털은 크게 칼깃형과 솜털형 두 종류가 있습니다.

모든 깃털은 다음과 같은 부분들로 이루어져요.

깃축 :
깃털의 중심을 이루는 속이 빈 줄기로, 밑동은 매끄럽고 피부 속의 깃뿌리까지 이어져 있어요. 깃축의 위쪽인 피부 밖으로 나와 있는 부분은 깃대라고 합니다. 깃대에는 양쪽으로 깃가지들이 달려 있고, 깃가지들은 깃판을 이룹니다.

깃가지 :
깃가지에는 양쪽으로 작은 깃가지들이 뻗어 있고, 작은 깃가지는 옆의 작은 깃가지와 미늘로 서로 얽혀 있습니다.

작은 깃가지 :
각각의 작은 깃가지에는 아주 작은 갈고리인 미늘이 달려 있어서 옆의 작은 깃가지와 서로 지퍼처럼 맞물려 있어요. 그래서 깃털의 매끄러운 표면과 모양이 잘 유지되어, 하늘을 날거나 바닷새가 물속에서 헤엄칠 때도 깃털의 모양을 그대로 유지합니다.

칼깃형 깃털

비행깃털 :
새의 날개와 꼬리를 덮은 커다란 깃털을 가리킵니다.

비행깃털은 네 종류로 나눌 수 있어요.

- 일차비행깃털은 새의 날개 끝에 달린 10개의 깃털로, 날 때 앞으로 나아가도록 돕는 일을 합니다.
- 이차비행깃털은 깃털의 중앙 부분을 이루며, 날 때 공기를 떠받쳐서 떠 있도록 해 줍니다.
- 삼차비행깃털은 피부에 가장 가까이 붙어 있는 깃털입니다.
- 꼬리깃털은 제동 장치 역할을 하며, 날면서 방향을 바꾸는 일도 도와줍니다. 대부분의 새는 꼬리깃털이 10개 있습니다.

겉깃털 :
새는 몸의 대부분이 겉깃털로 덮여 있어요. 겉깃털은 날씨 변화가 끼치는 영향을 막아 주며, 색깔이나 무늬를 띠고는 합니다.

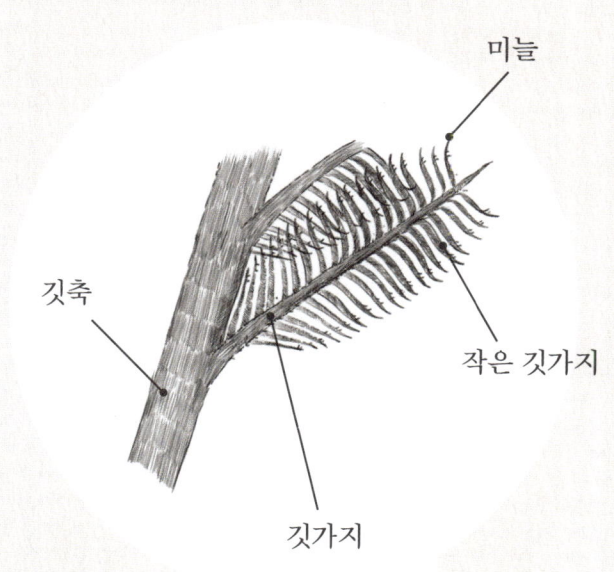

솜털형 깃털

솜깃털 :
이 작고 보풀거리는 깃털은 겉깃털과 비행깃털의 안쪽에서 몸을 덮고 있습니다. 공기를 가두어서 새의 피부에 직접 닿지 않도록 함으로써 열과 추위를 막아 주지요.

금계
Chrysolophus pictus

호로새
Numida meleagris

바위뛰기펭귄
Eudyptes chrysocome

타조
Struthio camelus

파랑어치
Cyanocitta cristata

너무나도 색다른 동물들

우리 행성의 구석구석에는 너무나도 색다른 희귀한 종들이 숨어 있어요. 다른 무엇으로도 대신할 수 없는 독특한 생물들입니다. 그들은 진화가 막다른 골목에 다다랐거나, 친척들 중에서 유일하게 남은 종이라고 여겨지기도 하지요. 이런 기이하면서 놀라운 생물들은 지구에서 가장 소중한 존재들이지만, 멸종 위기에 처한 것들이 많답니다.

카카포

카카포는 뉴질랜드에 사는 크고 통통한 앵무새입니다. 앵무새 중에서 가장 무거워요. 몸길이는 64센티미터까지, 몸무게는 4킬로그램까지 자라기도 하지요. 수명이 약 60년으로, 가장 오래 사는 새이기도 해요. 그들이 100세까지 살 수 있다고 보는 과학자도 있답니다.

카카포는 야행성으로, 카카포라는 이름도 마오리족의 말로 '밤의 앵무새'라는 뜻이랍니다. 대다수의 앵무새는 밝은 색을 띠고 힘차게 날고 사교적이지만, 카카포는 이끼 같은 녹색을 띠며 홀로 지내는 것을 좋아해요. 카카포는 포식자가 적은 곳에서 진화해서, 그들의 날개에는 비밀이 숨겨져 있어요. 사실 이들은 날지 못하고, 굵은 근육질 다리로 숲속을 뛰어다닌답니다.

카카포는 예전에는 뉴질랜드 전역에 퍼져 있었지만, 개와 고양이 같은 포식자가 들어오면서 원래의 서식지에서 거의 다 사라졌어요. 지금은 뉴질랜드 연안의 작은 3개의 섬에만 남아 있는데, 겨우 147마리만 살아남아 있답니다. 이 섬들을 보전 구역으로 지정하는 등, 카카포의 생존을 돕기 위해 적극적인 보전 계획을 시행하고 있습니다.

카카포
Strigops habroptilus

긴빗톱가오리
Pristis zijsron

긴빗톱가오리

톱가오리류 중에서 가장 커서 몸길이가 7.3미터나 되지요. 주둥이는 유달리 길고 톱니가 나 있으며, 몸길이의 약 1/3을 차지합니다. 긴빗톱가오리는 수명이 약 50년인데, 알이 아니라 새끼를 낳아요. 새끼의 몸길이도 80센티미터나 된답니다.

톱가오리는 톱니 달린 긴 주둥이 때문에 그물에 쉽게 걸려서, 많은 톱가오리가 잡히곤 하지요. 그 때문에 개체수가 심각하게 줄어들고 있어요. 게다가 톱가오리는 새끼를 적게 낳기 때문에, 개체수를 늘리는 데에는 오랜 시간이 걸릴 것 같습니다.

애기하마

애기하마는 널리 알려진 하마보다 작고 야행성인 하마의 사촌으로, 서아프리카의 몇몇 지역에만 살고 있어요. 라이베리아에 가장 큰 집단이 있고, 기니, 시에라리온, 코트디부아르에 그보다 작은 집단들이 있습니다.

하마는 '강의 말'이라는 뜻으로, 애기하마는 그 말에 딱 들어맞아요. 거의 평생을 강이나 습지에서 숨어 지내기 때문입니다. 생김새는 돼지나 맥과 비슷하지만, 사실 가장 가까운 친척은 고래와 돌고래랍니다.

애기하마는 벌목, 농경, 사냥, 택지 개발 때문에 그 수가 크게 줄어들고 있어요.

애기하마
Choeropsis liberiensis

사바나천산갑
Smutsia temminckii

천산갑

천산갑은 아프리카와 아시아에 8종이 살고 있는, 정말로 별난 동물이랍니다. 밤에 은밀히 돌아다니는데, 포유류 중에서 유일하게 커다란 보호 비늘로 몸을 감싸고 있어요. 비늘은 케라틴으로 되어 있지요. 위험을 느끼면 천산갑은 앞다리로 머리를 감싸므로, 포식자는 비늘만 보게 됩니다. 건드리면 몸을 공처럼 돌돌 말고, 그 상태로 위험이 지나가기를 기다립니다. 사실 천산갑의 영어 이름(pangolin)은 펭굴링(pengguling)이라는 말레이어에서 나왔는데, '굴림대'라는 뜻입니다.

쿵쿵거리며 걷는 작은 공룡처럼 보일지 모르지만, 몇몇 종은 나무 위에서 살며 나무를 아주 잘 탑니다. 튼튼한 꼬리로 나뭇가지를 감고 거꾸로 매달릴 수도 있어요. 또 멀리까지 헤엄칠 수도 있으며, 길이 40미터의 긴 굴도 팔 수 있습니다.

천산갑은 눈이 아주 나빠서 주로 후각과 청각으로 먹이를 찾고 위험을 피합니다. 이빨이 없지만, 그것은 별 문제가 되지 않아요. 개미와 흰개미 등 좋아하는 먹이를 잡아먹는 데 도움이 되는, 다른 특징들을 갖추고 있기 때문이지요. 먹이를 잡고자 할 때, 천산갑은 먼저 강한 앞다리와 튼튼한 발톱으로 땅이나 나무에 구멍을 파요. 그런 다음 끈적거리는 침으로 덮인 긴 혀를 곤충이 판 구멍을 따라서 집어넣어 먹이를 잡는답니다. 천산갑은 이빨이 아예 없어서, 씹지 못해요. 대신에 작은 돌을 삼켜, 위장에 모인 돌들로 먹이를 잘게 부숩니다.

안타깝게도 천산갑은 큰 위험에 처해 있어요. 8종 모두 멸종 위기에 몰려 있어요. 주로 사냥 때문이지요. 몇몇 지역에서 천산갑의 고기와 비늘이 비싸게 팔리고 있습니다.

호아친
Opisthocomus hoazin

호아친

보기 흉하고 굼뜬 모습의 새, 호아친은 다른 새들과 전혀 닮지 않았어요. 조그마한 크기의 이상하게 생긴 이 동물은 남아메리카의 아마존과 오리노코 유역에만 살고 있는데, 가까운 친척 종도 전혀 없어요. 사실 호아친이 어느 종과 친척인지도 불분명하답니다. 다행히 이들은 수가 많고, 무사히 잘 살아가고 있어요.

호아친은 아주 시끄러운 새이지요. 호숫가나 강가에 자라는 나무 위에 모여 앉아 툴툴거리고 꽥꽥거리거나, 나무 사이로 요란한 소리를 내면서 돌아다닙니다.

호아친은 어떤 식물이든 가리지 않고 거의 다 먹어 댑니다. 조류 중에는 유일하게도 소처럼 창자에 식물의 소화를 돕는 세균들이 살고 있지요. 호아친은 '악취를 풍기는 새'라고도 알려져 있어요. 배 속에서 잎이 계속 발효되고 있어서, 썩은 식물에서 나는 것 같은 냄새가 나기 때문입니다.

호아친은 날면 도움이 될 수 있을 때에도 아예 날지 않아요. 날지 않는 것이 아니라 날지 못하는 것이지요. 날아다니는 새들은 날개 치는 데 필요한 힘센 가슴 근육이 있지만, 호아친은 그 근육이 없어요. 그래서 이 나무에서 저 나무로 옮겨 갈 때 파득거리는 것만이 그나마 할 수 있는 날갯짓으로, 아무리 애써도 옆의 나뭇가지로 겨우 내려앉을 뿐입니다.

호아친은 대개 강가나 호숫가의 물 위로 가지를 뻗은 나무에 둥지를 틉니다. 새끼는 헤엄을 아주 잘 치므로, 위험에 처하면 물속으로 떨어져서 헤엄쳐 달아납니다. 또 새끼는 날개에 발톱이 달려 있어서, 위험이 사라지면 나무를 기어올라 다시 둥지로 돌아옵니다. 이 발톱은 성체가 되면 사라집니다.

별난 점은 그것만이 아닙니다. 호아친은 모습도 정말 특이해요. 머리 위에는 헝클어진 깃털들이 삐죽삐죽 솟아서 일종의 볏을 이루고 있어요. 게다가 얼굴 피부는 새파랗고, 눈은 새빨갛지요. 그리고 꼬리깃털은 검댕처럼 검으며, 끝 쪽은 밤색을 띠고 있답니다.

숨겨진 연결 관계

자연 세계는 어지러울 만큼 복잡하게 얽힌 생태계와 먹이 그물로 이루어집니다. 가장 크고 대담한 동물부터 가장 작고 보잘 것 없어 보이는 동물에 이르기까지, 이 세계의 모든 동물은 각자 나름의 역할을 맡고 있습니다. 어느 한 종이 사라진다면, 연쇄 반응이 일어나기 시작해서 예기치 못한 결과가 빚어질 것입니다.

생태계는 물과 빛 같은 무생물 환경과, 그곳에서 살아가는 생물들로 이루어집니다. 이 모든 요소들이 함께 어울리면서 복잡한 양상을 띱니다.

생태계를 이루는 생물들 사이의 관계를 이해하는 방법 중 하나는, 먹이 사슬과 먹이 그물을 살펴보는 것입니다. 먹이 사슬은 생물들의 먹고 먹히는 관계가 어떻게 이어지는지를 보여 주지요. 먹이 사슬의 맨 처음에 놓이는 생물은 생산자이며, 그 뒤에 놓이는 생물들은 모두 소비자입니다. 생산자는 햇빛 에너지를 써서 양분을 만드는 나무와 풀 같은 생물들입니다.

한 생태계에는 다양한 먹이 사슬이 많이 들어 있을 수 있어요. 그럴 때 먹이 사슬들이 서로 연결되고 얽혀서 먹이 그물을 이룹니다. 먹이 그물은 생물들 사이의 관계를 더 잘 보여 줍니다. 먹이 그물을 보면, 서로 무관해 보이는 생물들이 사실은 대단히 중요한 관계를 맺고 있다는 것도 파악할 수 있지요. 또 한 생물을 없애면 그 생태계에 있는 생물들의 일부 또는 전부가 재앙을 맞이할 수도 있음을 알게 됩니다.

오른쪽 그림은 먹이 그물을 따라 일어나는 에너지의 흐름을 보여 줍니다. 이 먹이 그물은 아프리카 사바나에 있는 것으로, 각 화살표의 색깔은 어느 동식물이 어느 동물에게 먹히는지를 가리킵니다.

치타
Acinonyx jubatus

사바나얼룩말
Equus quagga

아프리카물소
Syncerus caffer

풀

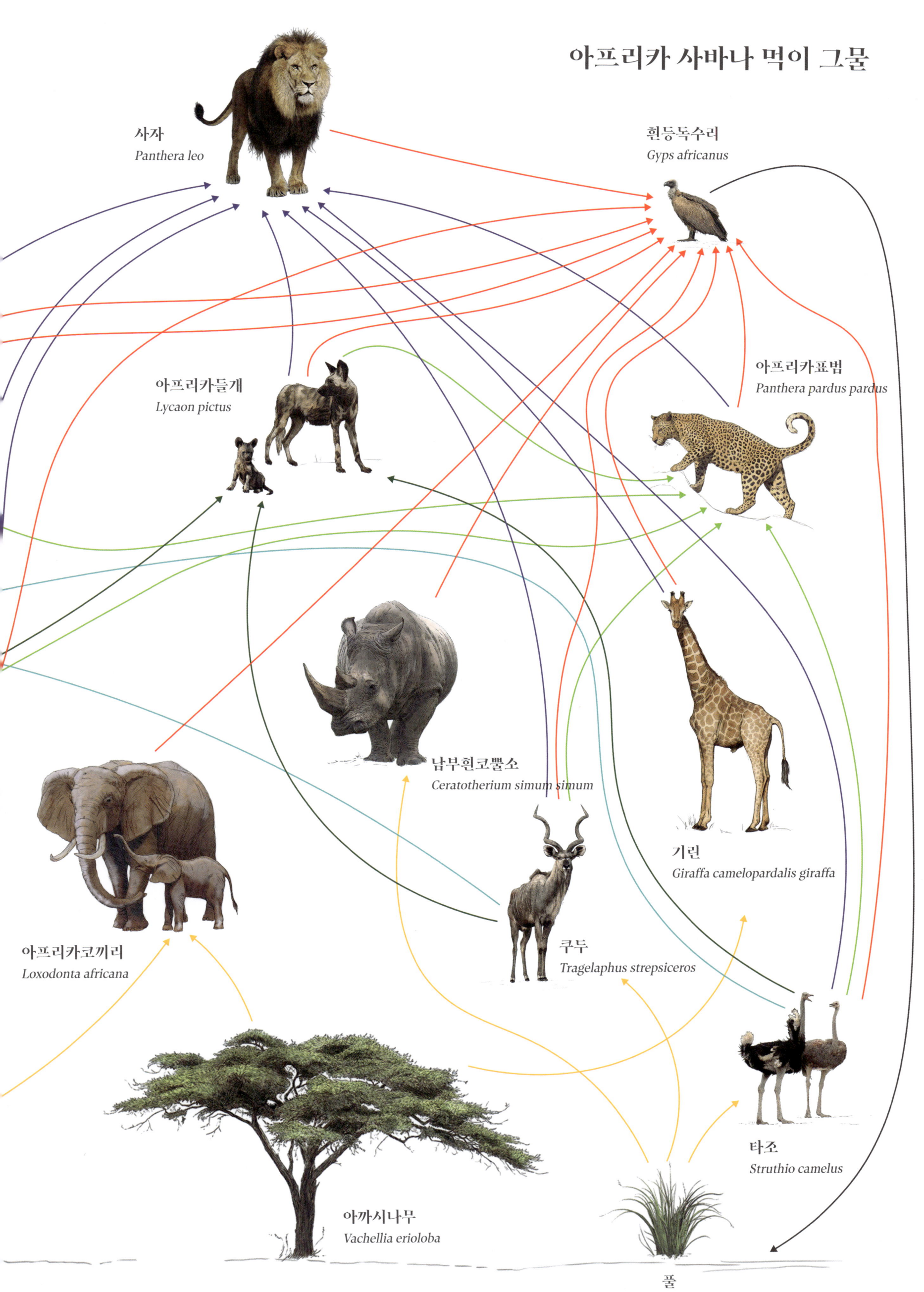

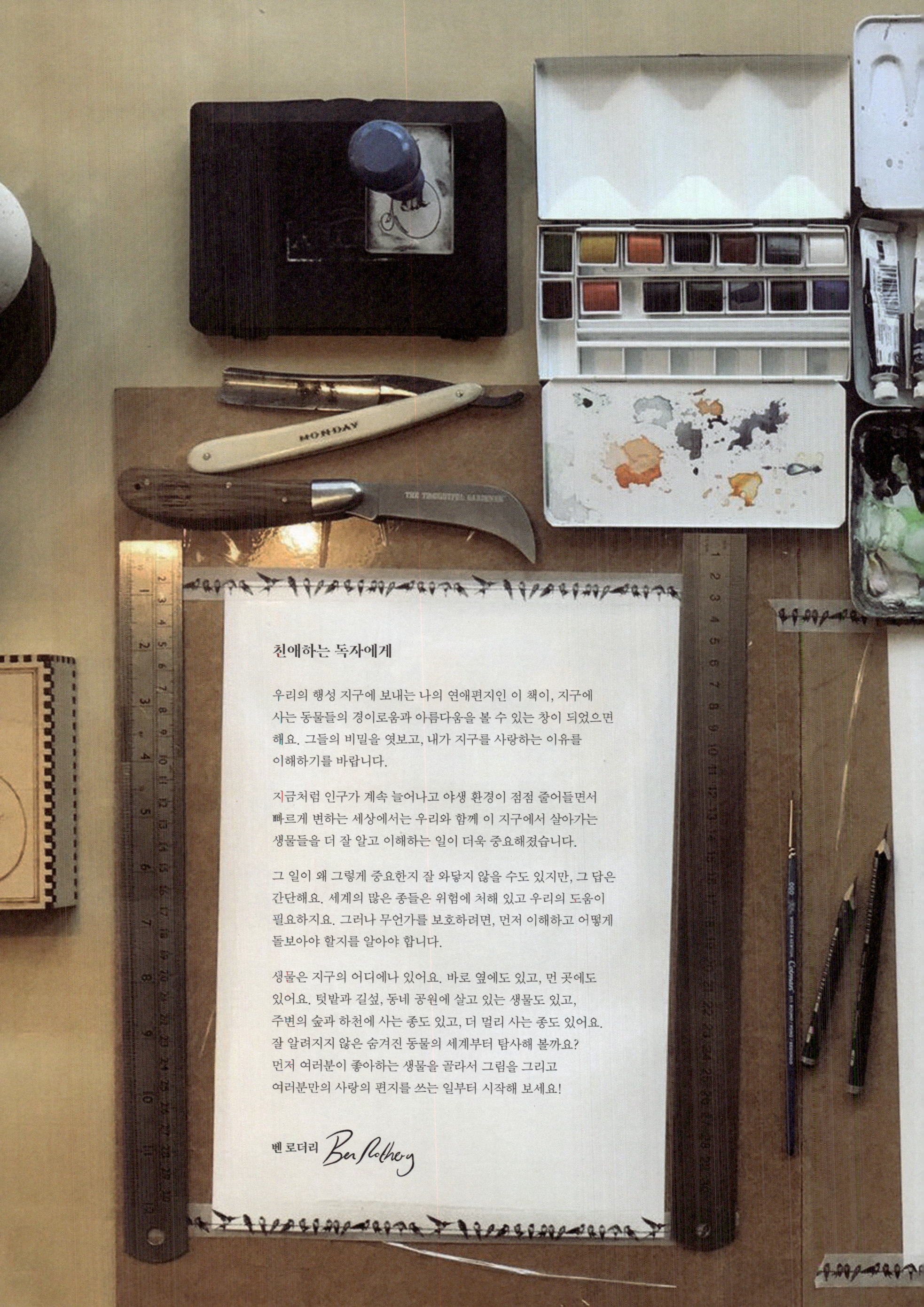

친애하는 독자에게

우리의 행성 지구에 보내는 나의 연애편지인 이 책이, 지구에 사는 동물들의 경이로움과 아름다움을 볼 수 있는 창이 되었으면 해요. 그들의 비밀을 엿보고, 내가 지구를 사랑하는 이유를 이해하기를 바랍니다.

지금처럼 인구가 계속 늘어나고 야생 환경이 점점 줄어들면서 빠르게 변하는 세상에서는 우리와 함께 이 지구에서 살아가는 생물들을 더 잘 알고 이해하는 일이 더욱 중요해졌습니다.

그 일이 왜 그렇게 중요한지 잘 와닿지 않을 수도 있지만, 그 답은 간단해요. 세계의 많은 종들은 위험에 처해 있고 우리의 도움이 필요하지요. 그러나 무언가를 보호하려면, 먼저 이해하고 어떻게 돌보아야 할지를 알아야 합니다.

생물은 지구의 어디에나 있어요. 바로 옆에도 있고, 먼 곳에도 있어요. 텃밭과 길섶, 동네 공원에 살고 있는 생물도 있고, 주변의 숲과 하천에 사는 종도 있고, 더 멀리 사는 종도 있어요. 잘 알려지지 않은 숨겨진 동물의 세계부터 탐사해 볼까요? 먼저 여러분이 좋아하는 생물을 골라서 그림을 그리고 여러분만의 사랑의 편지를 쓰는 일부터 시작해 보세요!

벤 로더리 *Ben Rothery*

찾아보기

ㄱ
가마우지 50
갈라고 55
갑각류 78
갑오징어 Sepia officinalis 79
개개비 15
개구리 32, 52~53, 79
갯가재 32
거미 60
겉깃털 81~83
격리 31, 50
고둥 60
고래 19, 85
곤충 5, 37, 48, 52, 52, 60, 63, 66, 75, 87
곰 19
공생 10~16
공작갯가재 Odontodactylus scyllarus 32
공작새 67
공작태양새 Nectarinia famosa 65
구름표범 Neofelis nebulosa 40~41
구조색 79
굼벵이 31
귀 44, 55
귀털 55
그레비얼룩말 44
극락조(풍조) 67, 75~77, 78
금강앵무 Ara macao 82
금계 Chrysolophus pictus 83
기린 Giraffa camelopardalis giraffa 22~23, 30, 91
기생 10~15
기생 생물 11, 14
기생충 11
긴꼬리플레니게일 Planigale ingrami 28
긴빗톱가오리 Pristis zijsron 85
깃가지 80~81
깃축 80~81
깃털 6, 14, 24, 32, 33, 36, 48, 49, 55, 63, 64, 67, 72, 75~83, 89
깃판 80
까마귀 65
까치 Pica pica 65
꼬리깃털 77, 81, 89
꿩 Phasianus colchicus 48, 67, 82

ㄴ
나마콰비개구리 Breviceps namaquensis 52~53
나무늘보 72
나무제비 Tachycineta bicolor 65
나무타기바위너구리 20
날개 24, 31, 42, 50, 63, 72, 81, 84, 89
날다람쥐 31
남부화식조 Casuarius casuarius 26
남부흰코뿔소 Ceratotherium simum simum 91
남아프리카물개 Arctocephalus pusillus 19
노란반점바위너구리 20
노래기 60
농어 11

누 44, 48, 70
눈 25, 30, 36, 38, 44, 48~55, 60, 76, 78, 87, 89

ㄷ
단성 생식 57
닭 24, 27, 48
당나귀 42, 44, 48
대왕문어 Enteroctopus dofleini 34
대형 고양이류 40, 69
도롱뇽 32, 60
돌고래 19, 85
돌기 34
동굴 생활 60~61
동굴의갈 Titanobochica magna 60
두더지 31
뒤영벌 Genus Bombus 11
듀공 19
들개 24, 70
딱따구리 32
딱새 14
딱정벌레 32, 60
띠무늬 39, 40, 79

ㄹ
레아 Rhea americana 24, 26
루비토파즈벌새 Chrysolampis mosquitus 63

ㅁ
마다가스카르큰카멜레온 38
말레이맥 Tapirus indicus 19
말미잘 12~13
매너티 19
맥 19, 85
맹금류 14, 51, 67, 72
먹이 사슬과 먹이 그물 90~91
멧새 14
멸종 위기 7, 70, 84, 87
모기 11
모기과 곤충 Family Culicidae 11
목도리태양새 Hedydipna collaris 62
무지갯빛 76, 78~79
문어 34~35
문어 먹물 34
문어 빨판 34
물범 19
물소 48, 70
미늘 80~81

ㅂ
바다사자 19
바다소 19, 20
바다코끼리 19
바닷가재 32
바위너구리 Procavia capensis 19, 20~21
바위뛰기펭귄 Eudyptes chrysocome 83
박쥐 11, 60, 61, 63
방어 피음 42

뱀 20, 24, 51
벌새 63, 65, 78
베르트부인쥐여우원숭이 51
베일드카멜레온 39
변온 동물 39
별빨판꼬마문어 Octopus wolfi 34
부엉이 8, 50, 55
북극곰 Ursus maritimus 36
북숲쥐 Apodemus sylvaticus 50, 55
붉은벌잡이새 Merops nubicoides 10
붉은캥거루 Macropus rufus 28
브로케시아 미크라 Brookesia micra 38
비늘 78~80, 87
비행 63, 80
비행깃털 81
빈집 사슬 17
뻐꾸기 Cuculus canorus 14~15

ㅅ
사슴 31, 66
사자 Panthera leo 24, 40, 48~50, 68~71, 91
사바나얼룩말 Equus quagga 44~45, 90
사바나천산갑 Smutsia temminckii 86
산얼룩말 44
상리 공생 10~13
새 7, 10, 11, 14, 15, 24~25, 36, 42, 48~50, 63~65, 67, 72, 78~81, 84, 89
새매 14
새우 60
색깔 15, 34, 36~40, 42, 60, 64, 66, 67
색소 78~79
색소 세포 34, 78
생물 발광 79
생쥐 31, 55
생태계 90~91
서인도제도매너티 Trichechus manatus 19
설치류 50
소 11, 48~49
소등쪼기새 11
소라게 16~17
속눈썹살무사 Eothriechis schlegelii 50, 51
솜깃털 81~83
솜털형 깃털 80~81
수렴 진화 63~65
수리부엉이 8~9, 55
수컷 12~13, 21, 26, 38~39, 57, 66~79
숙주 11, 14~15
심해어류 79

ㅇ
아까시나무 Vachellia erioloba 91
아프리카들개 Lycaon pictus 70, 91
아프리카뜸부기 Crex egregia 82
아프리카물소 Syncerus caffer 70, 90
아프리카 사바나 먹이 그물 90~91
아프리카수리부엉이 Bubo africanus 8~9, 55
아프리카코끼리 Loxodonta africana 21, 91

아프리카펭귄 Spheniscus demersus 42~43
아프리카표범 Panthera pardus pardus 36, 91
악마나뭇잎꼬리도마뱀붙이 Uroplatus phantasticus 37
알 의태 15
암소 48~49
암컷 12~13, 15, 26, 39, 57, 66~79
애기하마 Choeropsis liberiensis 85
액시스사슴 Axis axis 79
앵무새 84
야자집게 16
야행성 25, 50, 55, 60, 84, 85
양서류 25, 32, 52~53, 60
어류 12, 60, 78, 79
얼룩말 22, 44~47, 70, 90
에뮤 Dromaius novaehollandiae 24, 26
에오세 48
에콰도르소라게 Coenobita compressus 16
여우 50
염색독화살개구리 Dendrobates tinctorius 79
영양 30, 70
영원 32
영장류 51
오목눈이 14
오징어 79
오카리토갈색키위 Apteryx rowi 27
오카피 Okapia johnstoni 22~23
올름 Proteus anguinus 60~61
올빼미 55
왕극락조 Cicinnurus regius 75, 76, 77, 82
운동 현혹 44~47
위장 9, 34, 36~49, 67, 75, 78, 80
원숭이 41, 51, 72
원숭이올빼미 Tyto alba 54~55
웜뱃 Vombatus ursinus 30
유대류 28~31
유대하늘다람쥐 Petaurus breviceps 31
유럽개개비 Acrocephalus scirpaceus 14
유럽사슴벌레 Lucanus cervus 33
의태 14~15
이형성 66~77
익룡 63
인도공작 Pavo cristatus 67, 82
인도사자 70

ㅈ
작은 고양이류 51
작은 깃가지 80~81
장식 깃털 76
재규어 40
제임스홍학 Phoenicoparrus jamesi 33
족제비 19, 50
주금류 24~27
주머니두더지 31
진동굴성 60~61
진화 13, 31, 50, 56, 60, 63, 64, 65, 80, 84
짝 선택 66

ㅊ
참문어(왜문어) Octopus vulgaris 35
참새 65
천산갑 Manidae 86~87
청소놀래기 11
청소동물 57
청줄돔 12
청줄청소놀래기 Labroides dimidiatus 11
촉수 12~13
촉수과 어류 Family Mullidae 11
치타 Acinonyx jubatus 24, 37, 90
친척 관계 9, 16, 19~31
칠면조 48

ㅋ
카멜레온 6, 38~39, 79
카카포 Strigops habroptilus 84
칼깃형 깃털 80~81
칼새 65
캐비테이션 32
캥거루 28, 31
케라틴 80, 87
코끼리 10, 19, 20, 21, 23, 30, 91
코모도왕도마뱀 Varanus komodoensis 56~59
코뿔소 19, 91
코알라 Phascolarctos cinereus 29
쿠두 Tragelaphus strepsiceros 66, 91
큰곰 Ursus arctos 18
큰극락조 Paradisaea apoda 74, 75
큰비늘풍조 Ptiloris magnificus 78, 79
키위 24~25, 27

ㅌ
타조 Struthio camelus 24~25, 27, 83, 91
탁란 14
태반류 30
태양새 62, 64~65, 78
토끼 20
토끼박쥐 Brown long-eared bat 61
톱가오리 85

ㅍ
파랑어치 Cyanocitta cristata 83
파충류 21, 38, 50, 56, 78, 80
팬더카멜레온 Furcifer pardalis 39
펭귄 42~43, 83
편리 공생 10
포식자 12, 13, 26, 36, 38, 44, 48, 50, 60, 72, 78, 84, 87
포유류 20, 22, 28, 30, 66
포투 36
표범 36, 37, 40~41, 70, 91
푸른귀벌새 Colibri coruscans 64
플레네게일 28, 31
피그미마모셋 Cebuella pygmaea 51
피부 날개 31

ㅎ
하마 19, 85
하이에나 24, 70
하피수리 Harpia harpyja 51, 72~73
혀 23, 32, 38, 39, 87
호랑이 40, 56, 69
호로새 Numida meleagris 48~49, 82, 83
호아친 Opisthocomus hoazin 88~89
호저 41
홍학 33
화식조 24~26
회색곰 72
흡혈 기생 생물 11
흡혈박쥐 11
흰긴꼬리풍조 Astrapia mayeri 75
흰동가리 Amphiprion ocellaris 12~13
흰등독수리 Gyps africanus 91
흰코뿔소 Ceratotherium simum 19

이 책을 쓰고 그린 **벤 로더리** Ben Rothery는 남아프리카 공화국 케이프타운에서 잉태되어 영국의 노리치에서 태어난 세밀화가입니다. 여러 가지 기법을 조합하여 생생한 색깔로 가득한 섬세한 그림을 그립니다.

벤은 작품을 그릴 때 자연에 대한 사랑에서 영감을 얻곤 합니다. 어릴 때 상어나 공룡이 되고 싶기도 했고, 데이비드 애튼버러와 인디애나 존스를 더해 놓은 것 같은 사람이 되고 싶기도 했지만, 상상을 종이에 생생하게 담기 위해 그림 그리는 일을 직업으로 택했습니다.

현재 런던의 작은 화실에서 일하며, 아주 뾰족하게 깎은 연필을 가득 준비해 놓고 그림을 그립니다.